o GRAAL
ARTHUR E SEUS CAVALEIROS

Maria Zelia de Alvarença

O GRAAL

ARTHUR E SEUS CAVALEIROS

LEITURA SIMBÓLICA

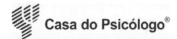

© 2008 Casa do Psicólogo Livraria e Editora Ltda.
É proibida a reprodução total ou parcial desta publicação, para qualquer finalidade,
sem autorização por escrito dos editores.

2ª edição
2008

Editores
*Ingo Bernd Güntert
e ChristianeGradvohl Colas*

Assistente Editorial
Aparecida Ferraz da Silva

Capa & Produção Gráfica
*Bravura Escritório de Desenho
Gabriel Pinheiro e Júlio Sonnewend*

Editoração Eletrônica
Ana Karina Rodrigues Caetano

Revisão Geral
Eloisa Tavares

Revisão Gráfica
Geisa Mathias de Oliveira

Dados Internacionais de Catalogação na Publicação (CIP)
(Câmara Brasileira do Livro, SP, Brasil)

Alvarenga, Maria Zelia de
   O Graal: Arthur e seus cavaleiros: Leitura Simbólica/ Maria Zelia de Alvarenga — 2. ed. rev.— São Paulo : Casa do Psicólogo®, 2008.
   Bibliografia.
   ISBN 978-85-7396-594-0

   1.Arquétipo (Psicologia) 2. Graal- Lendas- História e crítica 3. Mito 4. Simbolismo I. Tavares, Eloisa. II. Julio. III. Gabriel. IV. Galias, Iraci. V. Título

08-00732   CDD-398.22

Índices para catálogo sistemático:
1. Artur : Rei : Cavaleiros: Literatura folclórica 398.22
2. Graal: Literatura folclórica: História e crítica 398.22

Impresso no Brasil
Printed in Brazil

Reservados todos os direitos de publicação em língua portuguesa à

Casa Psi Livraria, Editora e Gráfica Ltda.
Rua Simão Àlvares, 1020 Vila Madalena 05417-020 São Paulo/SP Brasil
Tel.: (11)3034-3600 Site: www.casadopsicologo.com.br

SUMÁRIO

PREFÁCIO À SEGUNDA EDIÇÃO 7

PREFÁCIO À PRIMEIRA EDIÇÃO 9

1. INTRODUÇÃO 11

2. A BUSCA DO GRAAL 13

3. A LENDA 17

4. A HISTÓRIA 21

5. O AMOR DE CORTESIA 27

6. A BUSCA DE SI MESMO 31

7. LANCELOT, ARTHUR e GUENÍVERE 45

8. A DEUSA E O CÁLICE SAGRADO 51

9. ARTHUR E SEUS CAVALEIROS 59

10. O GRAAL E SUAS QUESTÕES 71

11. MERLIN E A BUSCA DA *CONIUNCTIO* 85

12. A IMPORTÂNCIA DO HERÓI NA ESTRUTURAÇÃO DO PSIQUISMO.......101

13. A TÍTULO DE CONCLUSÃO 109

14. BIBLIOGRAFIA 111

PREFÁCIO À SEGUNDA EDIÇÃO

Jung descreveu o processo de Individuação, aplicado ao indivíduo. Ele mesmo, ao longo de sua vida, nos mostrou como a evolução de seu pensamento foi registrada, em sua rica obra. Neo junguianos descreveram o processo de Individuação aplicado à cultura, tão importante conceito para nossa compreensão de fenômenos culturais.

Relendo a querida amiga e colega Maria Zelia, em seu "O Graal – Arthur e seus cavalheiros, Lancelot, Parsifal, Merlin - leitura simbólica", reeditado dez anos depois, percebemos a individuação da obra, acompanhando a individuação da autora. Houve ampliação e aprofundamento, na captação e amplificação simbólica dos personagens do Graal. Quem acompanha a produção da autora, como podemos ver pela bibliografia deste livro, pode constatar a riqueza de seu pensamento. Mas, não somente de seu pensamento. De todas suas funções. Dona de intuição privilegiada e de acurado e profundo sentimento, a autora nos leva a uma inesquecível viagem com Arthur e seus cavalheiros.

Se "não fazer a pergunta é perder-se de si mesmo e fugir de seu destino", como diz a autora, referindo-se ao episódio de Parsifal, Maria Zelia é a que tem sim feito as perguntas necessárias ao seu processo.

Se "No dia em que pudermos, como Parsifal, o 'puro-tolo-ingênuo', dizer ao outro que nos procura: 'vá até onde fomos e saberás' (Mathews), deixaremos de contar histórias para nos tornarmos a própria lenda", como diz a autora, então ela já se tornou essa lenda. E podemos constatar esse fato, através de suas publicações, de seu criativo "Boitatá" e da legião de fãs que a cercam, carinhosamente chamamos de "Zeletes". Entre esses "fãs" há amigos, alunos, seguidores do pensamento Zeliano, todos seus admiradores.

Entre esses fãs, estou eu, grata pelo convite de re-prefaciar este livro, continuando a lidar, espero que criativamente, com a inveja já citada no prefácio anterior.

Podemos dizer que este livro "individuou" nesses dez anos, fazendo com que sua releitura seja uma nova aventura.

Para essa aventura, convido todos os leitores.

E que Maria Zelia continue generosa em seu processo criativo, partilhando conosco:

Sua Alma

Sua calma

Suas descobertas

Suas percepções

Conquistando

Nossos corações

Iraci Galias
São Paulo, Set/2007

PREFÁCIO À PRIMEIRA EDIÇÃO

Neste livro, que suscita tanta vivência simbólica, encontro a admirada colega e grande amiga Maria Zelia de posse do fascinante Graal. Nossa cultura busca, como o livro nos diz, através da lenda do Graal, o resgate do princípio feminino como valor e sua reintegração, ou seja, sua relação dialética com o princípio masculino. Mas, não somente este livro nos diz isso através dos seus brilhantes comentários, mais do que isso, ele representa essa integração, mostrando o processo de individuação da própria autora.

Se podemos/devemos assumir nossos sentimentos menos nobres, impossível não "invejar" a cultura e conhecimento que Maria Zelia demonstra, associados à sua profundidade e doçura. Lendo seu livro, muitas vezes me senti como lendo o próprio mestre Jung, cuja obra me mobiliza esse misto de inveja, admiração e gratidão.

Tendo tido o privilégio de conhecer a autora há muitos anos, tenho podido acompanhar sua brilhante carreira e partes de seu profundo processo. Maria Zelia nunca desistiu da busca do Graal. Este livro aqui está para atestar esse fato.

Imagens como o Gamo, o Javali e a Raposa, bem como a face tríplice da mulher (Maria, Madalena e Sofia) e sua repressão/dissociação, falam muito de nossos processos.

Arthur, Guenívere, Lancelot, os valores da época, adultério, o triângulo amoroso e o amor de cortesia descrevem nossos conflitos. Parsifal, Galahad falam de nossa necessária ingenuidade. Merlin de nossa temida loucura e buscada sabedoria.

Espero que os leitores possam desfrutar da leitura e lidar criativamente com os mais e com os menos nobres sentimentos que o livro suscita.

Minha gratidão à Maria Zelia pela honra de prefaciar essa obra. Seguramente, essa honra me ajudará a elaborar a inveja, permitindo que nosso encontro continue criativo.

Se "quem tiver olhos de ver, verá" desejo ao leitor que "tenha olhos de ler", pois com isso seguramente "lerá" com a intensidade que o livro merece.

Iraci Galiás São Paulo, setembro de 1997.

1. INTRODUÇÃO

A VIDA TEM TODOS OS TEMPOS E TEM TAMBÉM O MOMENTO DE ACONTECER EM TODOS NÓS.
Maria Zelia de Alvarenga

O ato de contar histórias é mágico por natureza, porquanto transforma e fascina a quem ouve, tanto quanto transforma e fascina a quem conta. Transformar e fascinar são movimentos do processo de cura da alma. Assim, quando dois ou mais reunirem-se para contar e ouvir histórias, a divindade estará presente e o milagre acontecerá.

As tradições místicas de muitos povos materializaram-se, ao longo do processo da História, em uma série de escritos considerados como textos sagrados, muitos dos quais falam de um herói, de suas tarefas, de buscas e transformações ocorridas (Mathews, 1989, p. 13). Esses textos consagrados como canônicos tornaram-se, no mais das vezes, as únicas fontes válidas para compreender o amplo fenômeno da vida e da morte. Ao serem validados pela classe sacerdotal como tendo origem divina, excluíram toda a beleza do mito vivo presente nas lendas e ditos populares, nos contos de fada e folclore do mundo, bem como em todas as criaturas do grande imaginário coletivo, produzidas pelo manancial inesgotável do universo arquetípico.

A leitura simbólica dos mitos e lendas traz *à luz elementos estruturais vitais antes mergulhados em trevas* (Zimmer, 1988, p. 9). Os mitos e lendas constituem-se em elementos configuradores do processo de humanização das estruturas arquetípicas, pois revelam-se "estruturas vivas" do universo psicológico, traduzindo-se como símbolos estruturantes para a consciência. Dessa forma, a decodificação simbólica desse arsenal arquetípico veiculará energia para novas concepções, como elementos interagentes que são do misterioso processo da existência. O mito pelo mito fascinará sempre e muito mais quando se descobrir, em suas filigranas, a magia da realidade simbólica.

É necessário, entretanto, estarmos sempre dispostos a uma releitura contínua e constante de seus valores e significados para acessarmos suas mensagens e ensinamentos. Assim é a forma como o processo de criação acontece. O entendimento de tudo nunca será uma realidade acabada. *Os conteúdos passíveis de explicitação das imagens fartamente distribuídas modificam-se sem cessar sob seus olhos, em permutações incessantes, à medida que os contextos culturais vão se modificando em todo o mundo, no curso da história* (Zimmer, 1988, p. 9).

A lenda do Graal tem origem *in illo tempore*, concomitante à história do povo celta, mesclando-se, nos primórdios da Idade Média, com as crenças cristãs. O Graal perdido decretou o aparecimento da Terra Devastada e, como simbologia, congregou-se à temática da fé cristã titubeante, que reclamava por heróis transformadores. O povo celta, submetido pelo invasor, pede um rei defensor e que promova o resgate de sua liberdade, concorrendo, acima de tudo, para a preservação do seu jeito próprio de ser.

Os elementos de composição da mítica do Graal provêm das mais variadas fontes, formando um imensurável holograma de caráter religioso multicultural, repleto de simbologia, que aponta para tantos caminhos quantos forem os que buscarem o Cálice Sagrado.

Nossa proposta, ao longo desse texto, é falar sobre esse Vaso Precioso, com suas várias formas, origens e manifestações; é falar de Arthur e de seus leais e fiéis cavaleiros; da Távola Redonda e sua cadeira perigosa; da Grande Deusa Ferida e sua Terra Devastada; do Velho Sábio Merlin e suas visões de futuro; dos temas arquetípicos de Busca, de Liberdade e do sonhado retorno aos tempos da Idade de Ouro.

Por meio desse relato, iremos buscando nosso Graal e preparando-nos para formular a tão reclamada pergunta que Parsifal não fez quando de seu primeiro encontro com o Cálice. Aos poucos, conheceremos nossas próprias dificuldades e procuraremos tornar-nos aptos para o grande confronto trazido pela visão da divindade. O medo crescerá em nossas almas, germinando como erva daninha e, assolados pela sensação de perigo e dúvidas cruéis decorrentes de questionamentos insanos, nos perguntaremos sobre a importância de continuar ou não em nossa jornada. Se desejarmos, entretanto, com toda pureza de intenções, e nos empenharmos de coração aberto, poderemos alcançar, dentro de nós mesmos, o Templo Sagrado contenedor do Cálice da Bem-Aventurança.

No dia em que pudermos, como Parsifal, o "puro-tolo-ingênuo"[1], dizer ao outro que nos procura: *vá até onde fomos e saberás* (Mathews, 1989, p. 11), deixaremos de contar histórias para nos tornarmos a própria lenda.

---

[1] Forma como Chrétien de Troyes (1992) descreve Parsifal, em seu texto *Percefal ou o Romance del Graal*.

2. A BUSCA DO GRAAL

O QUE CARACTERIZA O DILETANTE É O SEU DELEITE
COM A NATUREZA SEMPRE PRELIMINAR
DE UMA COMPREENSÃO QUE JAMAIS SE COMPLETA.
Zimmer, H., 1988

Os textos referentes à literatura do Graal, escritos nos séculos XII e XIII d.C. representam, no mais das vezes, versões e adaptações de produções, em grande parte perdidas, remontando, provavelmente, aos séculos VI, VII e VIII d.C. (Barros, 1994, p. 13). As principais versões sobre a lenda, dentre tantas outras mais existentes, aparecem nos séculos XII e XIII d.C. Em 1180, surge "Perceval" ou "Le Conte du Graal", de Chrétien de Troyes[2].

Finalmente, o poeta Wolfram von Eschenbach criou a mais inventiva e surpreendente versão para a história do Graal, em sua obra "Parsifal", escrita entre os anos de 1210 e 1220. Ele supõe o Graal como realidade anterior a Cristo. O Graal teria sido não um cálice, mas uma pedra enviada à Terra há muito tempo por espíritos celestiais. O Graal teria sido guardado por uma misteriosa irmandade de cavaleiros,

---

[2] Chrétien de Troyes escreveu também outros textos ligados à lenda do Graal, Arthur e seus cavaleiros. Dentre eles, temos: *Yvain, Le Chevalier au Lion*, *Le Chevalier de la Charrette*.

Existia uma antiga versão de "Percival", anterior à do Cristão de Tróia, obra do trovador Kyot (ou Guyot) de Provença, em Champagne. Foi em velhos pergaminhos da Universidade de Toledo – onde a cultura hispano-arábica brilhou em todos os seus focos –, que Kyot encontrou o fio de ouro de seu Perceval. Chrétien de Troyes e Kyot freqüentavam as cortes de Toulouse, Carcassone, Foix e Aragão. "Kyot, o ilustre mestre, descobriu em Toledo a fonte primeira de seu conto. O primeiro a falar disto foi um pagão, famoso pela sua ciência, um médico descendente de Salomão: Flegetanis. Ele perscrutou sinais misteriosos nas constelações dos quais falava somente com temor, afirmando a existência de um prodígio cujo nome 'o Graal', lhe apareceu claramente escrito no céu. Uma legião de anjos depôs o Graal sobre a terra, depois subiram de volta ao mais alto do firmamento. Confiado a um pescador, teria desaparecido; precisava-se daí por diante de uma comunidade de puros para custo diálo. Ele não admite em sua presença senã aqueles que são dignos disso!"

www.gadal-catarismo.org/images/250_coupe-du-g, em 4/5/2007.

chamados *templáisen*. O texto "Parzival", de Von Eschenbach (1995), será a fonte de inspiração de Wagner para escrever sua ópera Parsifal. Finalmente, sem data certa, surge "Le Morte d'Arthur", publicado por Sir Thomas Malory, sendo tão-somente a tradução para o inglês de uma obra anteriormente escrita no francês primitivo, de autor desconhecido, cujo título original era "Quest del Saint Graal".

Tanto "Perceval" de Chrétien de Troyes (1992) quanto "Parzival" de Eschenbach trazem, em seu relato, a temática heróica da busca de um vaso precioso, expressa pela tônica da cultura céltica. "Le Morte d'Arthur", de Malory, congrega a versão da temática do Graal, na qual o cálice sagrado é o continente do sangue e do suor do Cristo e que fora levado, em tempos idos, para a Europa, por José de Arimathéia ou seu sucessor. Na versão de Eschenbach, o cálice ter-se-ia originado de uma pedra de luz, vinda dos céus e trazida pelos anjos neutros. Esse tema foi retomado por Dante, na Divina Comédia.

A região de toda a Bretanha apresenta-se como um imenso complexo formado e forjado por antiqüíssima cultura, no qual se encontram influências das civilizações celta, grega e romana clássicas, bem como influências originárias das regiões das atuais Noruega, Suécia, Finlândia e Alemanha. A consciência européia se forja, ao longo dos séculos, como decorrência da interação dessas quatro tradições citadas.

Plasmadas em um todo, essas influências comporão um jeito de pensar e de ser únicos; assim será a consciência européia emergente e que terá como características básicas o respeito ao ser humano pelo que é o indivíduo e pela forma como faz o seu mundo e pelo modo como escolhe seu caminho (Campbell, 1994, p. 192-9). A lenda do Graal retomará essa expressividade simbólica estruturante da consciência pessoal e coletiva, priorizando em seu bojo a necessidade de cada um buscar a si mesmo. Essa busca, ao acontecer, deverá processar-se de maneira pessoal, de tal forma que cada um possa descobrir o seu próprio caminho.

Joseph Campbell (1994, p. 199) conta-nos que Malory, ao traduzir o texto "Le Morte D'Arthur" do francês para o inglês, eliminou partes que julga ser de extrema importância. Em um dos trechos do original francês, há o relato da existência de cavaleiros em um tempo em que Arthur, grande rei mítico, reinou na Bretanha. Pois bem, nesses tempos, quando a refeição era servida no castelo de Camelot, havia o ritual de os cavaleiros contarem suas aventuras ocorridas em seu mister. Em um dia específico, os cavaleiros estavam reunidos e *a aventura foi o aparecimento do Graal, levado por mensageiros angélicos cobertos por um véu e pairando sobre os convivas* (Campbell, 1994, p. 199). Surge, então, um raio de luz atravessando o saguão do castelo de Camelot, onde se encontrava a Távola Redonda: sacerdotisas carregavam um cálice luminoso como se fosse um holograma. Todos ficaram maravilhados, pois sabiam tratar-se do Graal desaparecido, de forma misteriosa, há muito tempo. Um dos cavaleiros de Arthur, seu dileto sobrinho Sir Gawain, propôs uma tarefa: que todos partissem em busca do Cálice Sagrado e, ao encontrá-lo, *cada um deveria contemplá-lo sem o véu* (Idem, 1994, p. 199), com o que todos concordaram.

Contemplá-lo sem o véu significa, simbolicamente, captá-lo em sua plenitude e, para tanto, haveriam de ter pureza de alma. Para conseguir o intento, os cavaleiros precisariam passar por ritos iniciáticos imprescindíveis à transformação de suas dinâmicas de consciência, mudando o curso da estruturação de suas personalidades.

O texto que se segue corresponde, segundo Campbell, ao trecho não traduzido por Malory: *concordaram todos em sair em busca, mas pensaram que seria uma desgraça saírem em grupo, e assim cada um entrou na floresta num ponto que cada um escolheu, onde era mais escuro e onde não havia caminho.* Campbell (1994, p. 199) cita o trecho, dando-lhe grande importância, por ficar explicitado ser *a busca individual e solitária como todo processo de individuação.*

Os cavaleiros, quando em suas aventuras, normalmente andavam acompanhados; era quase sempre uma dupla, como até hoje vemos nas estruturas policiais. Cada um fazia-se acompanhar por um ou mais companheiros. Os cavaleiros tinham como função patrulhar as florestas, salvar as donzelas de seus dragões, ajudar os desamparados, defender os mais fracos. No dia específico determinado para a busca do Graal, intuíram ser uma desgraça partir em grupo e concordaram em cada um escolher seu próprio caminho.

A busca do Graal, como processo individual, faz-se a partir de determinado ponto da floresta, visto como o mais escuro e onde não há caminho ou, ainda, a partir de um ponto onde o caminhar faz o próprio caminho. A par de ser individual, a busca dá-se através de procedimentos não conhecidos por antecipação; não há como saber qual é o caminho a seguir. O importante, acima de tudo, é buscar e enfrentar as dificuldades ou, mais ainda, criar e inovar soluções nunca antes intuídas, rendendo-se finalmente à divindade que, de alguma forma e em algum lugar, estará à espera de quem se propuser à tarefa.

A busca do Graal corresponde a um reclamo do inconsciente do homem ocidental, na procura de suas próprias origens. Configura a condição de retomar as raízes perdidas da cultura quando estas se fizeram mascaradas e adulteradas pela lógica grega aristotélica, como também pelo pensamento cristão, empobrecido pelas defesas patriarcais, que assolavam a formulação filosófica e a fundamentação teológica do recente *"jeito próprio de ser europeu".* Retomar as raízes significará sempre *a aquisição da competência para encontrar simbolicamente o seu Graal.*

3. A LENDA

Conta a lenda que dormia uma princesa encantada
a quem só despertaria um infante que viria
de além do muro da estrada
Fernando Pessoa: "Eros e Psique".

O Graal, objeto precioso, emerge nas descrições das lendas sob a forma de mesa, pedra, prato, vaso ou cálice. Algumas versões falam do Graal que, por sua qualidade ímpar de ser um recipiente maravilhoso, tem a condição de mudar de forma e esse fenômeno de transformação já teria ocorrido ao longo dos séculos. Em sendo um objeto precioso, foi tido e havido como fonte de sabedoria e iluminação interna, de descoberta da maior e melhor essência existente em todo ser humano. Também tido como vaso da alimentação ou da abundância, estará aguardando por todos aqueles que o procurarem.

A lenda, permeada por temas mágicos, conta também sobre a dificuldade de encontrar-se o Castelo-Templo, reclamante de ser desencantado, para então o Cálice Sagrado poder ser recuperado. Os relatos da lenda aparecem explicitamente no processo da literatura européia, como já dissemos, somente no final do século XII, em plena Idade Média. O mito emerge através de uma abundância de textos descritivos do mesmo enigma.

Entre o aparecimento desses primeiros documentos e a produção literária sobre o Graal decorreram vários séculos. O surgimento e o desaparecimento da lenda levaram alguns escritores a pensar em uma correlação entre a busca do Graal, a busca do feminino e a reintegração do feminino ligado à religiosidade cristã-católica, cuja teologia medieval, até então, estivera fundamentada no poder do masculino. Naquele momento histórico, a emergência simbólica do feminino reclamante de resgate, expressa na literatura, deu-se sincronicamente com as propostas de renovação da Igreja Católica.

Havia preocupação em difundir o processo da religiosidade cristã em toda a Europa, seja promovendo o culto à Virgem Maria, a prática do Rosário ou a construção de imensas catedrais. Os templos góticos começaram a ser erigidos, apresentando-se, em sua maioria, com proporções gigantescas, demandando, para sua construção, grandes somas de dinheiro e esforços. Essas catedrais foram erguidas principalmente nos locais onde, em tempos idos, o culto "pagão" estivera dirigido à Grande Deusa, de origem celta. Entretanto, mesmo a Igreja ocupando-se de instituir oficialmente o culto ao Rosário, traduzido por uma seqüência de falas religiosas de invocações à Virgem Maria e ao seu Filho amado, a instituição como um todo continuaria a atestar sua submissão ao Deus Pai Maior. Nessa época, o culto a Maria, iniciado na Bretanha, difundiu-se pela Itália, Grécia e Bulgária, atingindo inclusive o território da Ásia Menor.

O reino da Bretanha passou a ser palco das lendas do Graal e dos cavaleiros da Távola Redonda. Nessa mistura de temas heróicos, de buscas, como também de reclamos do feminino alijado, encontramos as expressividades do movimento de um povo que fora submetido ao poder de outras nações e tivera sua religiosidade cerceada.

A lenda, quando por sua vertente cristã, tinha no Cálice Sagrado o continente do suor e sangue do Cristo, embora a versão não fosse aceita pela Igreja Católica. Outras versões falam do Graal como o recipiente usado por Cristo quando da instituição da missa, durante a Última Ceia.

Robert de Borron[3] conta que o Graal teria sido levado para a Bretanha por José de Arimathéia. Quando José, estando na prisão, teve seu encontro com Jesus, consta ter recebido d´Ele instruções acerca do valor do Cálice e também sobre a necessidade de difundir o ritual da missa. Simbolicamente, o Graal passa a ser a representação do túmulo vazio do Cristo, tendo na patena o equivalente da pedra sepulcral. O túmulo vazio lembra a ausência de alguém muito querido, cuja morte ocorreu para a redenção de toda a humanidade. De outro lado, a instituição da missa configura a consumação da presença do divino, pela ritualização e reatualização da emergência fenomênica do Cristo, tal como ocorrera quando da Última Ceia.

A missa é simbolicamente o rito da celebração da morte e do renascimento do Cristo, onde pão e vinho são transubstanciados em corpo e sangue do Messias Salvador. Quando ingeridos pelo iniciado, tornam-se alimento, inspiração, esperança e agentes transformadores da alma. A frase, em latim, que encerra o ritual – *"ite missa est"* – contém o significado de: *"Vai, a sua missão começa"*, ou seja, ao terminar o rito, começa, para quem fosse iniciado, a missão de difundir o cristianismo e seus cultos para todo o mundo.

---

[3] Citado por Joseph Campbell (1994), em *As transformações do Mito Através do Tempo*. p. 230. Robert de Borron, segundo a *Enciclopédia Britânica*, é o autor do poema "Josephd'Arimathie" ou o "Roman de l'éstoire du Graal".

A LENDA

Ao orientar José de Arimathéia, o Cristo teria imprimido nele o sentimento da necessidade de difundir o culto cristão, por meio da ritualização da missa, ou seja, do mistério da Sua morte e renascimento. José conservou o Cálice durante seus longos trinta anos de prisão. Quando libertado, consta ter sido ele próprio a levar o Cálice, junto com seus seguidores, da região da Palestina para a Europa. Ao chegarem à região da Bretanha, o Cálice teria sido colocado em um templo para ser adorado, mas, conta a lenda, sumiu após algum tempo, por motivos não conhecidos.

A lenda do Graal, o Cálice Sagrado, conta-nos sobre a procura de um objeto precioso, havido entre os homens. Por ter sido perdido, deverá ser buscado incansavelmente. O Graal poderá ser recuperado se o desejo dos que o procuram for santificado. Para ocupar-se do processo de busca, os homens deveriam ser puros de coração; se encontrassem o Cálice, defrontar-se-iam com imagens insólitas, com vivências subjetivas terrificantes, experimentando sentimentos estranhos. E assim poderiam, se a tudo suportassem, por meio de uma proximidade ímpar, entrar em contato com a divindade.

As lendas sobre o Graal invadem a Europa em sincronia com o momento em que a Igreja ocupava-se de apregoar *a importância da fé naquilo que não se podia ver*. Nesse sentido, a busca do Graal, realidade entendida como de caráter arquetípico, retrata a explicitação da necessidade humana de *ver e entrar em contato físico com o símbolo*. A procura do Cálice Sagrado representava, assim, a busca de uma divindade mais próxima e concreta, de uma divindade que mantivesse contato com os homens e pudesse ser tocada, estando acessível à realidade mensurável.

As temáticas sobre o Graal, Arthur e seus cavaleiros, e as buscas e reclamos de um povo submetido por seus invasores, segundo alguns, teriam começado a emergir no folclore coletivo da Bretanha por volta dos séculos III, IV e V d.C., já naquela época retratadas na literatura.

A lenda nos conta sobre um chefe romano ou um *dux bellorum* ou ainda um duque de guerra, vindo em defesa dos bretões, através da região dos Pirineus. Supõe-se que, em cima desse personagem real, as lendas se coagularam sobre o mito de Arthur, de origem muito mais antiga. Com a ajuda desse duque, parte da invasão dos anglos e saxões foi debelada. E, após ter expulsado os invasores, o duque instituiu seu reino entre os bretões.

A região, sob a regência do duque, experimentou grande desenvolvimento, com farta produção agrícola, dando origem à lenda de um povo tranqüilo e feliz. A par de ter reconquistado toda a região da Bretanha, Arthur, ou o *dux bellorum*, desencadeou uma série de investidas contra os opressores romanos, ameaçando-os, inclusive, de invadir Roma, capital do Império.

Os bretões foram posteriormente derrotados pelos anglos, mas, nas regiões da Cornualha, Gales, Escócia e Irlanda, a Bretanha Celta sobreviveu, a lenda se desenvolveu e se estruturou, mantendo preservada, em seu bojo, grande parte das tradições de seu povo. Entretanto, ao longo dos séculos de dominação romana, os celtas tornaram-se cristianizados.

No reino de Arthur, o esforço cavalheiresco apresentou-se plasmado com a idéia de um Cálice Sagrado, o Santo Graal, contenedor do sangue e do suor do Cristo e reclamante de resgate. Para falar desse rei mítico que um dia congregou seus cavaleiros com a grande tarefa de manter um grande reino, precisaremos contar algumas histórias sobre o povo celta.

4. A HISTÓRIA

TUDO QUE É TRANSITÓRIO É APENAS UMA REFERÊNCIA.
Goethe

No primeiro século a.C., os povos celtas habitavam a Gália, a Grã-Bretanha e a Irlanda. A manutenção da unidade desse povo devia-se inegavelmente à religião comum, à cultura estabelecida ao longo dos séculos e ao desenvolvimento de uma literatura própria que, apesar de não escrita, era cantada e declamada por poetas e poetisas, como forma de transmitir o conhecimento sagrado e profano.

O Império Romano iniciou suas incursões pelas terras do noroeste da Europa por volta do ano 50 a.C. A região da Gália foi invadida e tomada por César, em 52 a.C., e rapidamente ocorreu a romanização. A conquista da Grã-Bretanha deu-se pouco tempo depois. Os romanos, entretanto, não conseguiram tomar a Escócia, na época dominada pelos pictos, nem as regiões do País de Gales, Cornualha e Irlanda, onde os celtas mantiveram-se invictos por longa data.

A romanização durou cinco longos séculos. Em meados do quarto século d.C., Roma já estava totalmente cristianizada e, aproximadamente na mesma época, por motivos econômicos, o Império começou, aos poucos, a retirada de suas tropas invasoras sediadas nessa região. Até então, o Império Romano estivera mantendo-se em um processo de expansão e conservação de suas posses; seus domínios estendiam-se desde a região da Bretanha até a Ásia Menor. Em meados do século V, Roma iniciou objetivamente a retirada de seus soldados de todas as suas possessões. As fortificações e defesas de fronteira eram realidades consumidoras de grandes somas de dinheiro e não havia recursos para manter essas tropas guardiãs em fronteiras tão distantes. Grande parte dos soldados envolvidos na segurança era mercenária e os cofres públicos estavam esvaziados.

As tropas mercenárias e romanas eram continuamente deslocadas de seus postos. Esse fato acabou concorrendo para que as legiões romanas mantivessem contatos com vários outros povos. Os soldados, em seu longo percurso pelas incontáveis fortificações romanas, receberam todas as influências socioculturais desses povos dominados. Muitas dessas influências, em grande parte oriundas da Ásia Menor, mesclaram-se no psiquismo dos soldados: ao serem deslocados de uma fronteira para a outra, tornaram-se os emissários de modificações profundas de caráter cultural e religioso.

Por volta do ano 330 d.C., Roma já estava em parte cristianizada. Na época, o Imperador Constantino, movido por interesses políticos, converteu-se ao cristianismo, fazendo-se chefe da Igreja Católica. Transformou então o Império Romano em Império Cristão. Foi sucedido por Teodósio, o qual assumiu uma postura político-ideológica de propor, cultuar ou impor em seu Império somente a religião cristã, opondo-se a qualquer outro tipo de culto. Como decorrência dessa nova conduta, grande parte da mentalidade culta européia fugiu, em um processo de êxodo intelectual-cultural, indo asilar-se na Ásia Menor, provocando grande florescimento das artes persa e indiana e, como decorrência, o completo colapso da arte européia.

A retirada das tropas romanas da Europa deixou o território dos celtas aberto às invasões dos povos dinamarqueses, anglos, saxões, frísios etc. Os celtas recuaram de seu território original e passaram a ocupar o território onde hoje se encontram a Irlanda, a Escócia, a Inglaterra e o noroeste da França, domínio conhecido, na época, como Bretanha. Roma, ao abandonar o território da Bretanha, deixou para trás um povo remanescente impregnado de realidades míticas e culturais de variada origem.

Ao longo dos séculos, essas realidades plasmaram-se, dando emergência a uma forma *sui generis* de pensar o mundo e de expressá-lo, traduzindo-se explicitamente na literatura européia, quando do ciclo dos romances arturianos. A tônica comum dessa literatura era a perda de algo muito precioso.

Diante desse fato, levantamos algumas questões:

* O que foi perdido um dia poderá ser recuperado?
* O que foi perdido, quando recuperado, devolverá a inteireza do mundo?
* O que foi perdido, se recuperado, trará a transformação para o coletivo?

As respostas obtidas soaram como novas perguntas:

* Será o resgate da religião celta?
* Será o retorno da Grande Deusa excluída do panteão dos divinos cultuados?
* Será algo inédito, produto da transformação secular, decorrente do grande processo de *coagulatio* cultural?

A Grande Deusa deixou de ser venerada e teve seu espaço usurpado pela imposição da religiosidade cristã-católica, cada vez mais radicalizada no uso abusivo do poder. Ao longo dos séculos, a Igreja desviar-se-á mais e mais de seus princípios e valores, dando emergência a uma imoralidade crescente, culminando com a ignomínia do processo da inquisição. A par disso, os sacerdotes, instruídos pelo próprio Papa, passaram a vender favores indulgenciais, apregoando para o favorecido fiel o "milagre" de garantir seu lugar no Céu, no momento em que a moeda caísse nos cofres da Igreja.

Santo Agostinho, quando consultado sobre a questão de os sacramentos manterem sua sacralidade ou de tornarem-se invalidados quando ministrados por sacerdotes de vida tão devassa, como os encontrados nessa época, respondeu prontamente serem os sacramentos imunes à prevaricação humana, mantendo sua essência divina independentemente de quem os ministrasse. Fascinante é a forma que o grande pensador, filósofo e santo da Igreja Católica encontrou para falar da transcendência e da incorruptibilidade do princípio divino.

Ao fazer essa declaração, quer nos parecer, entretanto, ter Santo Agostinho se perdido na dissociação defensiva da dinâmica patriarcal, própria de seu tempo, ao separar essência de existência. Sua afirmação incisiva e assertiva de ser o princípio sagrado incorruptível – pois o sacramento é o próprio Deus em nós, e permanece intacto, mesmo quando ministrado por sacerdotes tão profundamente dissociados de seus valores éticos –, poderia corroborar um sortilégio para desculpar a corrupção e a indiscriminação na qual viviam os clérigos.

Os séculos XII e XIII, época do ciclo literário arturiano, coincidem com o período das chamadas Cruzadas. A Igreja apregoava, por todos os cantos, a condição de os lugares sagrados da Palestina precisarem ser retomados pelos cristãos. Com o projeto Cruzadas, a Igreja poderia recuperar as relíquias cristãs.

Governantes de todas as regiões da Europa congregaram seus pares e partiram para a grande aventura religiosa. Seguiram para os rincões da chamada Terra Santa, buscando o local onde o Cristo, possivelmente, teria sido enterrado.

A busca do Santo Sepulcro, a retomada de relíquias como o Santo Sudário e remanescentes da cruz em cima da qual o Cristo morrera, bem como a expulsão dos povos "pagãos" desses locais, passaram a ser função das Cruzadas.

Grande parte dos governantes da Europa assumiu a missão das Cruzadas, proposta pela Igreja, encetando no Oriente Próximo as chamadas Guerras Santas. Em seus lugares, permaneceram reinando os usurpadores ou as mulheres que, exercendo as funções mais variadas, inclusive a de governar, emergiram no cenário sociopolítico da Europa, marcando época.

Eleonora de Aquitânia, sua filha Maria de Champagne ou Marie de France e, mais tarde, sua neta Branca de Castela foram as que mais se destacaram. Eleonora ou Alienora de Aquitânia nasceu no sul da França, herdeira de todas as tradições da Europa. Sendo neta de Guilherme de Poitiers, tido como o primeiro trovador, acolheu em seu reino a lenda arturiana, levada pelos primeiros bardos. Eleonora fora casada com Luiz VII da França, tendo tido com ele duas filhas. Após participar, com o marido, de uma das Cruzadas, retornou muito cansada dessa aventura tão masculina e, imediatamente após sua chegada, em 1152, solicitou a anulação de seu casamento. Casou-se em segundas núpcias com Henry Plantagenet, Conde D'Anjou e Duque da Normandia, neto de Henrique I da Inglaterra. Com a morte do rei, em 1154, o Conde D'Anjou assumiu o trono com o nome de Henrique II da Inglaterra. Eleonora de Aquitânia tornou-se mãe de três filhas e mais cinco filhos, dentre eles: Ricardo Coração de Leão e João Sem Terra.

Ricardo Coração de Leão sucedeu como rei a seu pai Henrique II, morto em 1189, mas em breve partiu para a grande Cruzada, deixando o trono nas mãos de sua mãe Eleonora, constantemente assediado pela cobiça do inescrupuloso filho, João Sem Terra, irmão de Ricardo. Pertencem a esse período as lendas de Robin Hood. Ricardo morreu em 1199, sem deixar herdeiro; João Sem Terra foi coroado rei e comprometeu em muito o domínio dos Plantagenet.

Eleonora, Rainha da Inglaterra, incentivou o desenvolvimento da cultura, patrocinando saraus, tutelando escritores, apoiando trovadores, menestréis e bardos, poetas-cantores de todas as partes, para que cantassem e divulgassem a arte. Esses bardos, menestréis de Eleonora, falavam de Arthur, dos cavaleiros da Távola Redonda e da busca do Santo Graal. Além de cantar sobre os temas do ciclo arturiano, através de suas prosas e versos, cantigas e melodias, falavam também da necessidade de buscar-se o amor mais autêntico, o tão chamado e decantado amor cortês.

Os bardos, menestréis, trovadores cantantes da Idade Média, cantavam o amor através de suas cantigas, difundidas por toda a Europa. Chrétien de Troyes introduziu o amor, em seus romances, como força arrebatadora do humano, guardando esse tema grande semelhança com o amor-destino dos celtas. O canto do ciclo arturiano segue associado às emergências do amor considerado autêntico. Os trovadores cantavam o amor cortês como forma de enaltecer a figura da mulher, mostrando grande habilidade ao descrevê-lo pela sua vertente sensual, amor-paixão, de caráter pagão. O amor cortês lembrava o amor celta, também descrito como fenômeno decorrente da própria natureza, como fatalidade, mas não conectado à noção de morte. Segundo Barros (1994, p. 231), *o amor cortês glorificava a figura feminina, transformava-a no bem supremo, mas fazia do homem seu vassalo, um servidor obediente, humilhado, muitas vezes à mercê dos desejos e caprichos da dama.*

Haveria preocupações da Igreja quando da difusão desse tipo de literatura? Seria também preocupação da mesma Igreja a licenciosidade dos costumes, imperante em todas as cortes?

A HISTÓRIA

A resposta parece ser pelo sim, pois a Igreja tomou a si a incumbência de integrar o sagrado e o profano, caminhando em direção às manifestações mais vitais, para não perder o ritmo da história. O cristianismo passou a propor certo casamento sincrético com as religiões pagãs nas quais, sabiamente, a vida no seu esplendor maior era exaltada. O canto do amor cortês invadiu a Europa, redigido em língua pátria, como o francês e o inglês, abandonando-se o latim, e seus personagens falavam na primeira pessoa.

5. O AMOR DE CORTESIA

A RAZÃO DO AMOR É O AMOR,
A RAZÃO DE AMAR A AMADA, É A AMADA.
E A MEDIDA DE AMÁ-LA, É DE AMÁ-LA SEM MEDIDA
Cazenave[4]

O amor cortês, cantado pelos poetas em suas "cantigas de amor", era o amor sentido, o amor sofrido, o amor de um homem por uma mulher. Esse tipo de amor acontecia quando o apaixonado não estava casado com a pessoa, objeto de seu amor. Ocorria quase sempre como um amor adúltero. O casamento era, na maioria das vezes, um contrato sem amor e a relação estabelecida traduzia muito mais um acordo econômico, um somatório de terras, bens e posses, realizado por meio de acertos familiares. O casamento era e deveria ser sempre um bom negócio.

Campbell (1994, p. 216) fala de um trovador de nome Girhault de Borneilh, que traduziu de forma muito feliz a essência do amor cortês. O poeta Girhault dizia: *os olhos são os batedores do coração. Eles vão na frente para encontrar uma imagem que possam recomendar ao coração. E, tendo-a encontrado, se esse coração for um coração cavalheiresco, nasce então o amor.*

Era, pois, necessário ao jovem encontrar uma imagem, um olhar a se descobrir no olhar do outro, promovendo, dessa forma, o encontro com o coração cortês, quando, então, o amor nasceria. E as paixões aconteciam.

Muitas foram as histórias, algumas vezes povoadas de caráter cômico, contadas a respeito de homens apaixonados por mulheres casadas. O indivíduo, ao tornar-se apaixonado por uma dama, tinha grande necessidade de ser reconhecido por essa senhora, a quem cortejava. O ser reconhecido pela dama conferia ao amante autorização para seguir com seus propósitos. Se essa senhora aceitasse a corte do amante,

---

[4] Citação in Barros, M.N.A, *Uma Luz sobre Avalon*, p. 324.

significaria estar ela também amorosamente ligada a ele. Para tanto, deveria dizer: *merci*, ou seja, eu o aceito, eu o acolho. Se a dama, apesar de todas as circunstâncias de corte do amante, não se dignasse a dar uma resposta ou sequer um olhar, seria considerada "selvagem" e, como tal, deveria ser cantada pelos trovadores.

De um lado, quando a dama aceitava o amor do amante, passava a ser função dela dar a esse cavaleiro uma atividade, um trabalho, como, por exemplo, guardar uma ponte, pois as mesmas eram locais estratégicos e o feito seria considerado de grande importância. Parece ter, assim, havido certo congestionamento de cavaleiros guardadores de pontes. De outro lado, se o amante fosse versado na arte literária, competia a ele escrever poemas e talvez por causa disso a produção literária de versos tenha aumentado.

Campbell (1994, p. 217) conta-nos a história de um cavaleiro apaixonado por sua dama, e ao informá-la sobre seus sentimentos, ouviu dela: *mas eu já tenho um amante*. O cavaleiro ficou completamente constrangido com a resposta, mas não desistiu: *eu estou apaixonado por você, que faço agora?* A senhora em questão encontrou solução dizendo ao seu cavaleiro: *pois bem, eu já tenho um apaixonado por mim, mas se meu amante deixar de me amar, você será o primeiro na minha lista de espera*.

Passado algum tempo, o marido dessa senhora veio a falecer. Vencido o prazo formal de manutenção do luto, a dama casou-se com seu amante e o nosso cavaleiro não recebeu mais os bons olhares da amada. Foi, portanto, reclamar por seus direitos: afinal era ele o primeiro da lista. Inquirida pelo jovem sobre a situação criada, a dama retrucou ter-se casado com o amante porque estava apaixonada por ele. O cavaleiro ficou indignado com tal conduta e vociferou à amada: *o homem com quem vossa mercê se casou não é para ser amado. O amor está reservado somente ao amante e eu reclamo pelo meu lugar!*

Existe outra história, também relatada por Campbell, no texto acima citado, sobre certo cavaleiro apaixonado por uma dama cujo nome era parecido com a palavra *lobo*. Tomou, então, o cavaleiro uma pele de lobo e, vestindo-a, dispôs-se a atacar um rebanho de ovelhas. Durante o ataque, o enamorado foi agredido e machucado pelos cães pastores, fiéis guardiões das ovelhas. Mandou um recado para sua amada, contando-lhe ter entrado nessa aventura para chamar sua atenção. Dizia estar muito ferido e pedia para ser levado à casa da amada, a fim de ser cuidado. E qual não é nossa surpresa com a continuação da história: o cavaleiro foi recolhido pela formosa dama, e cuidado por ela e seu marido.

Assim são as lendas sobre o amor cortês. Para vivê-lo e compreendê-lo era necessário ter um sentimento realmente intenso, causador de grande sofrimento, pois somente dessa forma haveria transformação da alma e a descoberta do significado da vida.

Enquanto as lendas sobre o amor cortês retratam personagens ideais, movidos exclusivamente pelos sentimentos devotados a sua dama, nas lendas do ciclo arturiano vamos encontrar personagens heróicos também idealizados, todos de origem nobre. Os cavaleiros de Arthur eram movidos por sentimentos cristalinos e tinham sua meta maior no cumprimento do dever, efetivado através da proteção irrestrita aos mais fracos e desamparados, no combate às monstruosidades aprisionadoras de donzelas e no patrulhamento das florestas. O exercício do dever se fazia pelo cumprimento de tarefas, plenas de cunho heróico, revelando dessa forma seu caráter arquetípico.

As lendas arturianas, também impregnadas do modelo proposto pela Igreja Católica, pregavam um amor idealizado, de caráter espiritualizado, chamado de amor cristão, com a *consignia* determinante de amar ao próximo como a si mesmo fosse ele quem fosse. A Igreja, com sua extrema dissociação patriarcal, taxava o amor físico como luxúria, o qual somente poderia ser vivido quando servisse ao propósito da manutenção da espécie. A vivência do amor proposto pela Igreja tornava-o uma experiência impessoal e ideal.

Campbell (1994, p. 212-216) relata um fato de grande importância, observado na evolução das línguas modernas, tanto as de origem latina quanto as de origem germânica. Constatou ele, em suas pesquisas, a ocorrência de importantes mudanças na estrutura gramatical, dentre elas a separação do sujeito implícito no verbo, como no latim, enfatizando cada vez mais o indivíduo e sua relação com o outro. Surgem daí as estruturas: *je t'aime, I love you* etc.

A Europa clamava pela experiência pessoal. No amor cortês, o coração fica tomado pela imagem do outro e nada mais importa. A emergência desse tipo de sentimento passa a explicitar a polarização entre honra e dever do cavaleiro com a demanda do coração, veiculadora de uma experiência amorosa de individualidade, com o caráter da personalização. Da elaboração desse dilema surgirá a salvação da alma dos novos tempos.

O amor cortês representa a possibilidade de resgatar o feminino alijado da consciência e torna a busca do Cálice Precioso a expressão simbólica da demanda da integração desse feminino. A Grande Deusa passa a compor, explicitamente, o processo de transformação em andamento, como realidade muito mais próxima de promover a estruturação de consciência da dinâmica pós-patriarcal, ou dinâmica do Coração (Alvarenga, 2000)

6. A BUSCA DE SI MESMO

A PRINCESA ADORMECIDA, SE ESPERA, DORMINDO ESPERA.
SONHA EM MORTE SUA VIDA, E ORNA-LHE A FRONTE ESQUECIDA,
VERDE, UMA GRINALDA DE HERA.
Fernando Pessoa: "Eros e Psique".

Quem é "a princesa adormecida" cantada por Fernando Pessoa em um de seus mais belos poemas? Atentemos para o texto: *a princesa adormecida se espera*, ou seja, espera a si mesma, que vem pela figura do *infante esforçado*, ignorante de si mesmo, sem saber o intuito de seu próprio caminhar. E, ao romper *o caminho fadado... [...] inda tonto do que houvera, a cabeça em maresia, ergue a mão e encontra hera, e vê que ele mesmo era a princesa que dormia.*

A expressão poética não poderia ser mais precisa para descrever a simbologia da busca da *anima – animus*, arquétipos estruturantes da dinâmica do Coração (Alvarenga, 2000) ou da Alteridade (Byington, 1983). A busca insana pela princesa adormecida traduz, certamente, a procura do feminino alijado da consciência, a reintegração da Grande Deusa expatriada pela dinâmica patriarcal defensiva. O Graal, símbolo do continente da abundância, da inspiração e da sabedoria, configura a melhor expressão do símbolo do feminino estruturante da psique dos novos tempos.

Diante de tantos atributos do vaso precioso, a primeira leitura simbólica decorrente da lenda do Graal é compreendê-la como a busca e a tentativa de integração do feminino, há tanto tempo apartado da consciência, em decorrência de dinâmicas defensivas. O Cálice Sagrado, como símbolo, configura a própria manifestação hierofânica da Grande Deusa. Sua recuperação representa a integração do feminino dissociado da psique.

As lendas do ciclo arturiano e a busca do Graal, por suas incontáveis expressividades, traduzem simbolicamente a procura do *conhecimento sagrado*. A expressão do mesmo fenômeno emerge de outra forma no movimento dos gnósticos e também por meio do processo alquímico.

O Graal é, assim, a busca do encontro consigo mesmo, expressando a dinâmica da *coniunctio*, do casamento por amor congregando as pessoas para a transformação da relação. O símbolo *Outro* torna-se discriminado para a consciência: a integração da *alma-anima* se faz.

Buda ensina ser a vida expressão do sofrimento e onde ele estiver haverá Vida. O encontro simbólico da pessoa com o Outro produz mortificação e alegria da transformação. O sentimento sentido e sofrido configura o momento da morte simbólica do Eu solitário para o Eu solidário, da saída da impessoalidade para a imparidade do ser integrado Eu-Outro, por escolha. Sofrimento e alegria de saber-se conjunção. O sofrimento é fonte de transformação para o humano. No entanto, a estruturação simbólica da personalidade faz-se na polaridade com a alegria. Não há como haver transformação sem a conjunção do sofrer e do alegrar-se.

Buscar e descobrir o Outro revela a maravilha de perceber o divino como presença contida em todos nós. A busca significa a procura da divindade no Outro, através do Outro e pelo Outro, para podermos descobrir o divino em nós mesmos. Descobrir o divino presente no Outro, através do relacionamento, talvez seja o bem maior da busca do Graal. Esse é o momento mágico da história do mundo: o ser humano busca o outro por sua essência divina e, ao buscá-lo, descobre-se como divindade na essência de si mesmo. A busca do Graal como demanda de todos mantém-se como fascínio, causa emoções e configura, talvez, para cada um, o símbolo ainda não estruturado na consciência do complexo Eu-Outro. O Graal representa, assim, a emergência simbólica maior de como o Outro, buscado pelo Coração, pode nos traduzir.

A busca desse objeto precioso representa um tema arquetípico, sendo parte da humanidade e da história do mundo. Recuperá-lo significa retomar tanto a natureza dos tempos da Grande Deusa, bem como a religião em seus valores estruturais primordiais, deteriorados ao longo dos tempos. O cristianismo, no seu início, tinha essa pureza de intenções, alimentado pelo pressuposto de poder encontrar o divino através do Outro. A busca por uma Idade de Ouro e um tempo de Harmonia aconteceu enquanto Arthur reinou com sua rainha e seu reinado esteve sob o signo da Justiça. A busca não termina com Arthur, nem na própria lenda do Graal, mas constitui tema continuamente retomado. Os judeus buscarão a Terra Prometida, os estados sua liberdade e o mundo sua integração.

Nos tempos de Arthur, seus cavaleiros procuraram pelo Cálice Precioso e quase todos fracassaram, talvez por não estarem imbuídos de toda intenção, pureza e propósito para fazê-lo. Apenas um dos cavaleiros conseguiu realizar o intento e seu nome varia, conforme a versão escolhida: ora Parsifal, ora Galahad, ora Bors.

Galahad, cujo nome supõe-se derivar do hebraico e significar "cheio de sabedoria" (Campbell, 1994, p. 230), é tido como o mais puro de todos. Juntamente com Parsifal e Bors, foram os três cavaleiros que, após longa e penosa jornada, chegaram ao Castelo do Graal e deleitaram-se com sua visão. Galahad celebrou a missa tão logo chegou e, a seguir, morreu como um puro. Parsifal tornou-se o rei do castelo e Bors retornou a Camelot para contar as façanhas a seus companheiros. Seja Galahad, Parsifal ou qualquer outro que simbolicamente tenha chegado ao Graal, o processo de busca sempre se realizará por etapas.

Na lenda de Parsifal, o jovem cavaleiro "puro-tolo-ingênuo", como o descreve Chrétien de Troyes, teria chegado anteriormente ao castelo do Graal, guardado pelo Rei Pescador, mas não conseguira fazer a pergunta necessária, talvez porque fora treinado por sua mãe para não fazer perguntas; ou para não ser considerado inconveniente ou, ainda, por não ter-se imbuído de coragem suficiente para romper com o que o coletivo dele esperava. Ao acordar no dia seguinte, o castelo e tudo mais haviam desaparecido.

Essa versão da lenda leva-nos a concluir sobre a importância de se questionar sempre; o não-fazer a pergunta significa manter-se em uma atitude hipócrita, por não contestar o que precisa ser contestado, ou fazer somente o preconizado pelo outro.

A ausência de perguntas na atitude de Parsifal configura a traição ao seu próprio processo de crescimento e a negação da possibilidade de descobrir sua verdade interior. Não fazer a pergunta é perder-se de "si mesmo" e fugir de seu destino. Parsifal, ao render-se à regra e ao coletivamente correto, representa simbolicamente a sombra de Arthur, constituída ao longo dos séculos pela negação de Pedro, pela traição de Judas, pela dúvida de Lancelot, pela falta de fé de José de Arimathéia, e explicitada na chaga incurável do Rei Pescador.

Parsifal e o Rei Pescador emergem na lenda como figuras complementares, ou mesmo como hipóstases do próprio Arthur. Para entender essas correlações, retomemos a lenda.

O Santo Graal foi guardado em um castelo cujo rei fora ferido em sua adolescência, quando vagava por um bosque. Encontrou em um acampamento um salmão assado no espeto e, como estivesse faminto, serviu-se de um pedaço. Quando o fez, queimou os dedos. Passou então a ser chamado de Fisher King, o Rei Pescador, por ter sido ferido por um peixe. Ao longo dos tempos, a lenda sofreu novas incorporações, dentre elas a de que o rei havia sido ferido também nas coxas e assim não podia mais procriar. Em função desse ferimento do rei, todo o país tornou-se estéril.

O Rei Pescador permanece deitado em sua liteira, venera o Graal, mas não pode tocá-lo, como também não pode ser curado de suas feridas. O rei somente seria curado, conforme a profecia do bobo da corte, quando surgisse um tolo, absolutamente ingênuo, portador de toda a pureza de coração: este seria o libertador do rei, do castelo e do Graal.

Parsifal era ainda um jovem adolescente, vivendo sob os cuidados de sua mãe e afastado de todo e qualquer contato com o mundo chamado civilizado, segundo nos conta Chrétien de Troyes (citação in Johnson, 1987, p. 105). Heart Sorrow, Dor de Coração, mãe de Parsifal, o educara dentro da maior ignorância sobre o mundo e na mais profunda ingenuidade.

Um dia, Parsifal, o jovem "puro-tolo-ingênuo", em uma de suas caminhadas, encontrou um grupo de garbosos cavaleiros envergando vistosas armaduras e espadas brilhantes. Ao vê-los, sentiu estar na companhia de criaturas divinas, como se os cavaleiros fossem anjos do Senhor. Tomado pela intensidade da emergência simbólica, reclamante de estruturação egóica, ousou fazer a primeira pergunta a um Outro, pergunta essa que o devolveria a si mesmo:

–"*Quem sois?*"

A resposta veio prontamente:

–"Somos cavaleiros de Arthur".

A revelação desencadeou nele um frêmito de desejos e sentimentos nunca antes experimentados. Junto à emergência de sentimentos e desejos, surge a certeza de precisar ser um cavaleiro.

Parsifal estava arrebatado pela emoção da descoberta e, sem ter consciência do seu saber, caminhou para assumir seu próprio destino, formulando a questão decisiva:

–"*Que preciso fazer para ser um cavaleiro?*".

Muitas dúvidas estavam em seu coração e tantas outras perguntas poderiam acontecer, mas à consciência de Parsifal só competia, naquele momento, fazer o que podia ser feito. As estruturas arquetípicas mobilizadas pela visão do insólito entram em ebulição, reclamando o espaço simbólico necessário para compor a personalidade. O ego assoberbado precisa do tempo da elaboração; tudo mais deverá aguardar o compasso da Vida.

A resposta recebida o deixou encantado, pois tocou profundamente sua alma, dando-lhe um sentido para a existência e deixando-o, por ora, sem mais questões:

—*"Deverás ir até a corte do Rei Arthur e pedir que te façam cavaleiro!"*

Parsifal, entusiasmado pela descoberta, retornou à casa materna e anunciou sua partida. Heart Sorrow se desespera. Afinal, seu marido, pai de Parsifal, havia morrido como cavaleiro em uma das Cruzadas, nos embates das Guerras Santas. A mãe temia a perda do filho; se ele fosse, talvez nunca mais retornasse, deixando-a novamente solitária. Em seu coração não quer deixar de ser mãe, impedindo, dessa forma, o crescimento do filho.

—*"Não gostaria que fosses, insisto, poderás morrer como teu pai!"*

Parsifal ouviu, então, pela primeira vez, a mãe falar de fatos reais sobre a vida de seu pai. Ao sabê-lo cavaleiro, mais desejou partir para Camelot, seguindo os reclamos de sua *anima*.

Heart Sorrow representa, nesse momento, o feminino devorador e incestuoso da Grande Mãe, impeditivo da emergência heróica promotora da busca do feminino anímico, redentor e transformador. Parsifal insiste e, na arena do inconsciente, a batalha é travada.

O herói luta contra o dragão do devoramento e acaba por conseguir o consentimento da mãe pessoal. Antes de partir, a Grande Mãe, pelas falas de Heart Sorrow, instruiu-o sobre como se conduzir: deveria manter-se puro de coração, proteger os mais fracos, temer a donzela que risse e, *principalmente, não fazer perguntas!* Um dia, quando de seu primeiro encontro com o Graal, a instrução materna prevalecerá e Parsifal deixará de formular a questão esperada e necessária:

A que serve o Graal? ou,
A quem serve o Graal? ou,
Quem serve ao Graal?

Do jovem menino que um dia ousou deixar a casa materna, tomado pelo arquétipo do herói, até sagrar-se cavaleiro da Távola Redonda e partir em busca do Cálice Sagrado, Parsifal percorreu um longo caminho.

Entre o dever imposto pelo coletivo e o reclamo da alma, seguiu sua inspiração. O tempo, porém, incumbiu-se de arrefecer seus propósitos e adormecer seus desejos. Ao deparar-se com o símbolo tão desejado, esqueceu talvez seu chamado e significado, tão emaranhado encontrava-se nas tessituras de sua jornada.

Vale trazer, nesse momento, a lembrança do relato feito por Campbell (1994, p. 151) sobre o conflito experimentado por Buda, quando em tempos de iniciação ritualística. Estava o Grande Mestre em estado de profunda meditação sob a árvore Bo quando foi tentado. Da mesma forma como o Cristo o será, Buda foi tentado por três vezes.

A primeira tentação foi com a *luxúria*, à qual Buda resistiu sem grande dificuldade. A segunda foi com o *medo*, tendo também conseguido suportar. A terceira e última, a mais difícil de todas, foi com o *dever*. O demônio apareceu e anunciou a Buda: *"Príncipe, teu país está sendo invadido e tu precisas voltar para comandar teus exércitos; é teu dever defender teu país, teu povo, tua família. Todos esperam por ti"*.

Essa foi a maior e a mais difícil das tentações sofridas por Buda: ao não cumprir a tarefa a si imposta e ao não fazer exatamente o esperado pelo coletivo, Buda saiu do agrilhoamento do dever. A sentença quando vem, através da fala do mundo, se nos apresenta dizendo: *"É seu dever!"*. Segundo Buda, esse é o mais terrível de todos os momentos e não se submeter à imposição significa romper o ciclo da viciosidade condicionante à qual todos estamos submetidos desde nosso nascimento. E Buda se alegrou.

A tentação dos cavaleiros passa pela questão do conflito entre o dever para com o coletivo e os reclamos de transformação da alma. *O Graal, para ser encontrado, exigirá a coragem e a alegria de ousar.*

Arthur estava em vias de casar-se quando soube do rapto de sua futura esposa Guenívere, filha de Leodegrance. A futura rainha, hipóstase da Grande Deusa Mãe, fora raptada pelo Senhor do Castelo, ou seja, Guenívere (Genebra) foi simbolicamente levada ao reino dos Ínferos para seus ritos iniciáticos de transformação de menina a mulher.

Arthur, na mítica celta, é também conhecido como o Grande Senhor Arthós, ou seja, o grande deus Urso, e, como tal, detentor do poder temporal. Como sacerdote e servidor da deusa Ártemis, encontra-se em tempo ritualístico para aquisição do poder espiritual, representado pelas hierofanias do gamo e do javali, conquistando assim o direito de estabelecer a *coniunctio* sagrada com a Grande Deusa.

O gamo, que representa a juventude e a renovação, é animal símbolo da morte e do renascimento, expressos nas transformações físicas apresentadas ao longo de sua vida. O javali é a representação da própria Deusa em seu aspecto selvagem e espiritual, pois se alimenta tão-somente das glandes do carvalho, considerado como a árvore da eternidade. Assim, o javali era a caça por excelência e o prato predileto dos deuses e heróis, porque lhes conferia a imortalidade.

Na lenda, Guenívere, tendo sido raptada pelo Senhor do Castelo, permanecerá enfeitiçada, juntamente com todo o reino. Arthur, emergência simbólica do grande amante da Deusa, precisa resgatá-la para romper o círculo mágico do encantamento. Sendo rei, não cumpre seu destino de amante, pois entende que *seu maior dever é reinar*. Entre o dever imposto pela consciência coletiva de manter-se no exercício de seu cargo, ou assumir-se como herói-amante, reclamo emergente das transformações do inconsciente, Arthur ficou no dever para com o coletivo. Para resgatar Guenívere, enviou em seu lugar seu melhor amigo: Sir Lancelot du Lac, o maior de todos os cavaleiros.

Tanto Arthur quanto Lancelot são figuras míticas, heróicas, solares, regidas pela dinâmica patriarcal. Arthur, com sua espada *Excalibur*, luminosa como trinta archotes, e sua personalidade íntegra, honesta e clara, representa a manifestação da solaridade divina. Sir Lancelot du Lac, como seu próprio nome indica, é também a expressão da solaridade divina. Seu nome *Lac ou Luc* significa Luz (Malory, 1987, na introdução de J. R. L. Conde).

Quando Arthur e Lancelot apresentam-se juntos para o cumprimento da tarefa heróica imposta, podemos entendê-los como desdobramentos um do outro. Lancelot configura a polaridade simbólica não estruturada da consciência pessoal de Arthur. Pensamento e ação, dever e coração, prudência e temeridade são polaridades complementares em Arthur e Lancelot, porém não compatíveis, se expressas como realidades concomitantes do campo da consciência, quando regida pela dinâmica patriarcal. Arthur, ainda submetido ao dever do coletivo, delega ao outro, amigo-herói, o resgate de sua própria *anima*.

Lancelot segue, incontinente, para salvar Guenívere. Vestindo pesada armadura, monta o primeiro cavalo, cavalgando sem descanso até o animal se exaurir. Toma um segundo animal e também o esfola pelo excesso de esforço. O herói se vê, então, sem montaria para prosseguir na jornada. Passa por ele, nesse momento, uma carroça levando prisioneiros para julgamento. Nosso herói titubeia por não saber se continua a pé ou toma a carroça. Lancelot vacila entre o desejo de buscar a *anima* e o dever de preservar a lei.

A dinâmica da lei, ordem, norma, quando exercida de forma defensiva, sombriamente cerceia a emergência dos impulsos do coração, transformadores do mundo, tanto do coletivo como do pessoal. O herói regente se vê impossibilitado de exercer-se como complexo autônomo no campo da consciência patriarcal, de caráter defensivo. Os tempos reclamam pela atualização e instauração de um novo padrão de consciência, dinâmica do Coração. Para tanto, torna-se imprescindível a integração do feminino configurado na deusa raptada.

Lancelot resolve subir na carroça, o que representa uma condição de opróbrio, a maior grande desonra pública que alguém poderia sofrer. Entretanto, em nome do amor, do sentimento que o povoa, o herói enfrenta a vergonha de subir na carroça (Chrétien de Troyes, 1994)[5]. A rainha o espera no castelo. Lá chegando, irá defrontar-se com suas próprias provas iniciáticas, forjas de sua própria transformação, vividas e realizadas pelo desencantamento do castelo e libertação de Guenívere.

Os cavaleiros de Arthur são emergências heróicas submetidas às provas ritualísticas iniciáticas, próprias de um tempo de transformações, quando a integração da *anima* reclamava por humanizar-se, intermediando os processos de *coniunctio*. O herói arturiano surge inicialmente como emergente arquetípico da passagem do patriarcado para a dinâmica do Coração. Ao longo do processo de estruturação da consciência, retratado pela mítica, necessitará deixar o padrão herói-dever para tornar-se o herói-amante.

As provas propostas a Lancelot consistiam em dormir em um quarto e enfrentar a cama maluca, possuidora de características *sui generis*. Tendo rodas no lugar dos pés, conseguia ela correr pelo quarto sem ser alcançada pelo cavaleiro. Lancelot se desgasta, perseguindo-a de forma insana, até conseguir jogar-se sobre ela, agarrando-a com toda força. A cama pinoteou como se fosse um cavalo bravio. O herói resistiu com tenacidade e a cama cedeu. Já deitado sobre o leito, começou a ser açoitado com vergalhões invisíveis e atingido por dardos vindos não se sabe de onde. Um leão feroz o atacou no meio da escuridão e Lancelot lutou até conseguir matá-lo. Por fim, o grande cavaleiro caiu exausto e todo ensangüentado.

Vencida a primeira prova, Lancelot deveria submeter-se à segunda, que consistia no desafio de atravessar um despenhadeiro sobre o fio de uma espada. Para fazê-lo, não poderia tremer ou titubear e deveria caminhar sobre a lâmina com grande habilidade. Sua caminhada deveria pautar-se pelo equilíbrio entre coração e dever.

Heinrich Zimmer (1988, p. 106-107), ao comentar sobre a prova de Lancelot, entende-a como a maneira pela qual o cavaleiro entra em contato com o "espírito do feminino". O feminino é, assim, "maluco" por natureza, segundo a acepção do homem, tal qual a cama.

---

[5] "Lancelot, o Cavaleiro da Carreta" é um poema escrito por Chrétien de Troyes, provavelmente composto na mesma época ou pouco antes de escrever *Ivain, o Cavaleiro do Leão*, o qual se refere por várias vezes aos sucessos em Lancelot. O caso de amor entre Guenívere e Lancelot surge pela primeira vez nesse poema, bem como a corte do Rei Artur, Camelot.

O rito iniciático, proposto ao herói emergente na figura de Lancelot, pertence ao momento mítico de transformação do padrão de consciência patriarcal para o pós-patriarcal, de Alteridade ou dinâmica do Coração. Rito e herói são realidades complementares na realização da prova. O herói da mítica arturiana está empenhado na reintegração do feminino. Nem por isso deixa de combater a Grande Mãe devoradora, como explicitado nas histórias de Parsifal. Nesse sentido, Lancelot cumpre provas que o qualificam e o capacitam para a interação com o feminino anímico, com o que poderá conceber e gestar o filho do tempo novo, o *Philius Philosophorum* ou lápis alquímico.

Lancelot conseguiu cumprir sua tarefa e atravessou o despenhadeiro, transcendendo a polarização. Dessa forma, o castelo desencantou-se e a rainha foi libertada. No entanto, quando Guenívere o recebeu, apresentou-se impassível, fria e indiferente (Zimmer, 1988). E o maior de todos os cavaleiros, após tantos esforços, não conseguiu entender o porquê de tão estranha recepção e frieza. É possível entender a frieza da Grande Deusa, ofendida pela hesitação de Lancelot, para subir na carroça dos condenados.

No filme *Excalibur* (Aufranc, 1986, p. 127 e segs.), a temática da rendição ao dever coletivo é retomada quando Guenívere, acusada por Cavaleiro Negro de ser adúltera, precisa aguardar a emergência de cavaleiro defensor da injúria sofrida, para ter sua honra resgatada. Se o cavaleiro defensor vencesse a justa, a rainha seria considerada inocente; se perdesse, Guenívere seria condenada. Arthur, esposo e amante complementar de sua *anima*, haveria de defender a amada da ofensa sofrida. O sentimento de honra do cavaleiro estava acima de tudo e, sendo sua função salvar as donzelas e defender os oprimidos, a demanda pressionava Arthur para assumir seu papel de herói, de cavaleiro dos novos tempos.

Estava ele, entretanto, empenhado em *cumprir seu dever-destino* e, uma vez mais, o complexo do dever regente assumiu o espaço da consciência e o herói-amante não se atualizou. Na condição de regente, Arthur conclamou Lancelot, o cavaleiro, para defender a honra de sua esposa, pois sua função de rei não lhe permitiria fazê-lo, devendo manter-se como juiz da justa reclamada. Arthur permanece com seu dever-destino, a ele imputado desde seu nascimento, impedido, pois, de exercer-se como amante. O feminino ultrajado da *esposa-anima*, preterido pelo dever do rei, manterá a chaga da Deusa, expressa na invalidez do Rei Pescador Ferido.

Em outra história paralela, Arthur solicitou de Lancelot a gentileza de fazer a guarda de honra do cortejo de Guenívere, conduzindo-a para a celebração das bodas reais. O apaixonamento de Lancelot pela futura rainha foi instantâneo, ocorrendo nesse episódio, relatado como seu primeiro encontro com Guenívere. O amor emergente haveria de estar acima de tudo, porém, o dever vigente suplantou seu ímpeto. Lancelot sofre: é o melhor amigo de Arthur e deseja Guenívere. O conflito entre o *dever* e o *amor cortês* passará a permear toda a lenda, compondo-se como temática simbólica, de caráter arquetípico, traduzindo a dificuldade dos tempos de transformação de consciência impostos à humanidade. A discussão sobre o conflito entre o amor de amigo e amor de amante, vivido pelo triângulo amoroso Arthur, Lancelot e Guenívere, será retomada.

A Deusa não pode aceitar o conflito entre o dever e os reclamos do coração; esse conflito retrata o cerne do impedimento do processo de transformação anunciado. O reclamo da Deusa é a rendição da consciência patriarcal e, dessa forma, seu cavaleiro não poderia titubear entre o amor inconteste à *anima*, de caráter individual, elemento básico da forja da nova dinâmica de consciência, dinâmica do Coração e o cumprimento do dever de reinar. O processo de individuação depende do retorno da Deusa, assumindo a condição de paridade, de simetria Eu-Outro. Todavia, a vigência do dever imposto, de caráter coletivo, mantenedor da dinâmica patriarcal defensiva, manterá sufocado *"o maior desejo da mulher"*. Essa defesa, instaurada ao longo dos tempos e explicitada pela Sombra de Arthur, decorre também do medo e do fascínio do mundo pela dinâmica do Coração.

Como entender medo e fascínio presentes na dinâmica de consciência de caráter pós-patriarcal, dinâmica do Coração?

A individuação de homens e mulheres decorre necessariamente do processo de integração do arquétipo da *coniunctio*, que estrutura *anima-animus*, arquétipos da inter-relação. Homens e mulheres, ainda nesse início do século XXI, encontram-se premidos pelos reclamos arquetípicos da *anima-animus*, e não têm mais como servir-se dos referenciais que nortearam a estruturação da psique de seus antepassados. Apesar de sentirem esses reclamos arquetípicos como inerência da própria psique, uma vez que se encontram sintonizados com as demandas do coletivo, vivem o conflito de corresponder às demandas anímicas sem dar-se conta de estarem correspondendo às suas próprias necessidades.

O coletivo, por sua vez, estruturando-se segundo os ditames da nova exigência, forja fantasias e metáforas para traduzir o âmago dessas transformações. Por não conhecer suas características, o coletivo as retrata na forma de sagas heróicas, principalmente as sagas do ciclo arturiano.

As demandas do coletivo, até o momento do início do século XXI, encontram homens e mulheres ainda submetidos ao peso da composição complexa que conjuga, como atributos exclusivos do homem, masculinidade com força, atividade, rendimento, potência, logos etc., e, como atributos exclusivos da mulher, feminilidade com fragilidade, sentimento, divagação etc.

Para que homens e mulheres possam sair dessa oposição, transcendendo e contendo essas polaridades, requerer-se-á uma jornada transformadora a ser realizada e permeada pela presença de personagens que denomino de heróis-heroínas amantes-amados. Para que homens e mulheres saibam-se nessa nova complexidade sistêmica, haverão de deixar o padrão anterior de herói-dever, heroína-acolhimento (Alvarenga,1999, p. 114-135), podendo assim adentrar na dinâmica dos tempos novos, dinâmica do Coração.

A integração estruturante dos arquétipos *animus-anima* só será viabilizada em uma relação de simetria com o outro, concreto ou simbólico. E, sendo simétrica, a relação povoar-se-á de normas contratuais criadas e desfeitas, a cada momento, e de comum acordo com os parceiros. Dessa forma, tornar-se-á possível criar um novo código de ética pertinente à relação estabelecida, na qual os parceiros estarão concomitante e sincronicamente presentes.

Isso significa que nada poderá ser vivido na dinâmica das parcerias sem que ambos sejam consultados e respeitados e sem que estejam contratados em um acordo comum para que as decisões sejam tomadas.

A integração estruturante dos arquétipos da inter-relação é inerência de todas as relações simétricas, dentre as quais se destacam as relações de amantes e as de amizade. As relações, sendo simétricas e regidas pelos arquétipos da inter-relação, tornam possíveis as vivências polares, uma vez que cada um dos parceiros poderá saber-se na condição do Outro.

O herói do tempo novo surge como emergente arquetípico, promovendo a passagem da dinâmica patriarcal, centrada na lei e no cumprimento do dever, para a dinâmica do Coração, centrada na busca do encontro consigo mesmo inseparavelmente integrada e relacionada com o encontro com o Outro. A dinâmica dos tempos novos, dinâmica do Coração, far-se-á através da operação alquímica da *coniunctio* por amor, que congrega as pessoas em um anseio prospectivo de totalidade, de Terra Única, em uma condição relacional na qual o Um sabe-se cuidado pelo Outro, enquanto se ocupa de cuidar do Outro e vice-versa. Assim, o símbolo Outro torna-se condição inalienável do centro da consciência, uma vez que o Um não existe sem o Outro e o Outro não existe sem o Um. Marie de France (Barros,1994, p. 131), em "Le lai du Chèvrefeuille"[6], escreve: *"Belle amie, ainsi de nous / Ni vous sans moi, ni moi sans vous"*[7].

O desafio do herói-heroína dos novos tempos, dinâmica do Coração, será transcender a polaridade herói-dever, heroína-acolhimento para tornar-se o herói-heroína-amante-amado. Não transcender é trair a demanda do novo tempo. A demanda-tarefa do herói-heroína dos novos tempos, da dinâmica do Coração, será encontrar o caminho da integração estruturante dos arquétipos *anima-animus*, o que redundará em um centro de consciência realmente definido pela relação Eu-Outro.

[6] Poema da Madressilva.
[7] Bela amiga, assim como nós / Nem vós sem mim, nem eu sem vós.

O centro da consciência estabelecido pela relação Eu-Outro passará a conjugar as polaridades antinomiais: Deus e sua consorte (Alvarenga, 1998, p. 145-152), conhecimento e verbo, o ser e o fazer. Dessa forma, o conhecimento será junto com o verbo e o coração junto com a ação.

As demandas do inconsciente coletivo apontam para a necessidade da transformação, do mesmo modo que as demandas da pessoa, da individualidade, reclamam pela transformação. Dessa forma, como entender tanta defesa estruturada? Quais são as ameaças que afligem a psique pessoal e coletiva para que a dinâmica dos tempos novos, dinâmica do Coração, encontre tanta dificuldade para se instaurar? Por que a esperança de transformação anunciada pelo mito cristão, há 2000 anos, está ainda por se fazer?

A dinâmica patriarcal consolidada em normas e leis, cumprimento do dever e realização de tarefas, traz possivelmente tanta segurança ao eu, seja pela discriminação dos limites preestabelecidos pelo código, seja pela previsibilidade das seqüências fenomênicas que levam a psique a manter-se acomodada na condição homeostática dessa dimensão. Cada vez que entram em cena os reclamos complexos da psique, que demandam pela estruturação dos arquétipos *anima-animus* e de seus símbolos emergentes, o sistema passa a expressar-se por sua condição homeorrética.

A homeorrese, palavra usada por Jean Piaget, traduz uma condição sistêmica polar, oposta e complementar da homeostase. Quando o sistema, que até então se manteve estável (homeostático), incorpora e passa a estruturar aquisições (novos símbolos), a realidade sistêmica experimenta um estado de turbilhonamento, aparentemente caótico, quando então tudo soa como confuso.

Na realidade, a transformação entrou em cena e a consciência experimenta o fenômeno com desconforto, com ansiedade, como ameaça à estabilidade experimentada. A homeorrese, condição sistêmica, necessária e imprescindível a todo processo de transformação, expressa a emergência de uma condição estrutural mais ampla, mais complexa. À complexificação sistêmica pós-homeorrese segue-se um estado de homeostase, que dará origem, por sua vez, a uma nova homeorrese, e assim sucessivamente. Dessa forma, a psique como um todo se transforma e se estrutura, e a consciência de si e do outro se amplia.

Entendemos que, para cada novo símbolo emergente na psique – que visa a estruturar consciência –, defesas estagnadoras entram em cena, determinando a manutenção do estado acomodado.

A demanda do novo tempo, dinâmica do Coração, implica ocupar-se da relação e, portanto, de si e do outro. A demanda do novo tempo, alicerçando-se na pregação crística de amar ao próximo como a si mesmo, determina que a medida do amor, do cuidado e da atenção para com o Outro deverá ser a mesma exercida para consigo mesmo. O valor do Outro necessariamente passará a fazer parte do valor do Eu para que as decisões sejam tomadas. As necessidades do Eu e do Outro serão concomitantemente priorizadas. As decisões calcadas no saber do Eu e do Outro estruturam-se por meio do fazer pertinente às necessidades do Eu e do Outro.

A demanda do novo tempo assombra a psique, tão acostumada ao certo e estável, uma vez que se atualiza alicerçada na premissa de que a única constante desse novo tempo é a mudança, em que tudo passa a ser questionado conjuntamente pelo Um e pelo Outro. O recolhimento das projeções, condição inalienável da dinâmica dos novos tempos, dinâmica do Coração, assoberba o Eu e a consciência com as incontáveis polaridades simbólicas, até então depositadas no Outro.

Não há mais como reger-se tão-somente pelos próprios pressupostos básicos: o Outro, seus valores e seus pressupostos passam a compor o centro da consciência do Um. As decisões tomadas na relação serão, portanto, realidades continentes das demandas de ambos.

Os desafios do herói-heroína-amante-amado para ultrapassar as defesas estagnadoras impeditivas da instauração do novo tempo da dinâmica do Coração encontram-se descritas simbolicamente nas questões propostas pela lenda do Graal.

Nas histórias dos cavaleiros e suas lendas, nos deparamos com as descrições de ritos iniciáticos, com os quais iremos nos ocupar mais adiante.

7. LANCELOT, ARTHUR e GUENÍVERE

BELA AMIGA, ASSIM COMO NÓS/ NEM VÓS SEM MIM, NEM EU SEM VÓS.

Condessa Marie de Champagne: "Le lai du Chèvrefeuille"[8]

Os mitos do ciclo arturiano compõem heróis com qualidades nunca vistas anteriormente. Esses heróis anunciam a passagem da dinâmica patriarcal, padrão de consciência do dever, do cumprimento da tarefa, para a dinâmica pós-patriarcal, dinâmica do alter, do Eu-Outro como centro da consciência, dinâmica do Coração, continente da *consígnia* da fidelidade e da lealdade como princípios soberanos. Servir ao outro não implicará submissão, mas, sim, escolha, dedicação, servir por amor, por amizade.

De acordo com Thomas Malory (1987), Lancelot era filho do Rei Ban Benwick, um dos leais protetores do Rei Arthur. O Rei Ban, envolvido em uma guerra com o reino vizinho do Rei Claudus, foi por ele vencido e obrigado a fugir com sua rainha. Quando estavam fugindo, Ban olhou para trás e viu sua casa em chamas; sofreu então um desmaio, do qual nunca chegou a acordar. Pelas mãos da Rainha Elaine, uma criança foi levada às margens do lago. A Dama do Lago adotou o menino e levou-o para as terras de Avalon. O menino ficou conhecido como Lancelot do Lago (Lancelot du Lac).

Com dezoito anos, Lancelot, já exímio cavaleiro, conheceu os primos Bors e Lional, e seu meio-irmão Ector, e foram os quatro para Camelot. Arthur, por gratidão ao Rei Ban, e afeto a Lancelot, conferiu-lhe o título de cavaleiro, no dia de São João.

O principal objetivo de Lancelot, como cavaleiro, era trazer Guenívere, a noiva de Arthur, a Camelot para o seu casamento. Durante essa viagem, Guenívere e Lancelot apaixonaram-se.

Em outros contos, Guenívere já estava na corte, quando Lancelot chegou, tornando-se rapidamente um de seus cavaleiros, componente de uma classe de fiéis escudeiros da rainha. Depois de ter

---

[8] Poema da Madressilva.

completado com sucesso diversas façanhas, Lancelot tornou-se, em pouco tempo, o melhor de todos os cavaleiros.

Segundo Chrétien de Troyes (1994), quando Guenívere foi raptada por Meliagaunce, o filho do Rei Bagdemagus, Lancelot[9] perseguiu-o, armado, mas precisou tomar a famosa carroça – que lhe causou imenso opróbrio – para chegar ao castelo do raptor. Bagdemagus e Guenívere suplicaram-lhe para acabar com a luta, pois a vida de Meliagaunce estava em perigo. Lancelot cedeu aos pedidos da rainha. Mais tarde, Meliagaunce acusou Guenívere de ter um romance com Sir Kay, e novamente Lancelot lutou com Meliagaunce. O pai, mais uma vez, suplicou pela vida do filho. Finalmente, Lancelot matou Meliagaunce em um combate na corte de Arthur.

Nessa jornada, Lancelot e Guenívere tornam-se amantes, mas Lancelot, mortificado pelo amor proibido, deixa Camelot e segue em suas aventuras. Visita o rei Pelles, tido como o guardião do Graal, e salva sua filha, Elaine de Corbenic, de uma barrica de água a ferver, na qual tinha sido aprisionada por encantamento, há diversos anos. Elaine apaixona-se por Lancelot. A ama de Elaine, Brisen, engana Lancelot em uma empreitada, fazendo-o crer que Elaine era Guenívere. O cavaleiro Lancelot dorme com ela e Galahad é concebido.

Lancelot retorna a Camelot. Algum tempo depois, Galahad aparece e ambos partem à procura do sagrado Graal. Lancelot teve várias visões do Cálice, tendo finalmente encontrado a porta para a capela onde ele estava guardado. Foi advertido por uma presença angélica, e entrou em estado de transe ao longo de várias semanas. Durante esse tempo, apercebeu-se de que essa procura estava no fim e que a razão do seu fracasso devia-se ao seu amor por Guenívere, que excedia seu amor por Deus. Lancelot esteve determinado, durante algum tempo, a renunciar ao seu amor por Guenívere, mas assim que regressou à corte, seu caso amoroso continuou.

Lancelot e Guenívere, determinados a acabar com a relação amorosa, conversavam, no quarto da rainha, foram descobertos por Mordred (filho bastardo de Arthur).

Lancelot fugiu e Guenívere foi condenada à morte. O herói regressou para defendê-la. A guerra entre Lancelot e Arthur começou, só terminando quando o melhor de todos os cavaleiros regressou a Camelot para ajudar Arthur e lutar contra Mordred. Lancelot volta para o amigo Arthur, mas chega tarde para salvá-lo do golpe mortal. Terminada a guerra, Lancelot visitou Guenívere uma última vez,

---

[9] Chrétien descreve Lancelot de maneira poética: "O cavalo e o escudo pareciam ter-lhe sempre pertencido, pois lhe convinham prodigiosamente. A cabeça encaixava-se tão bem no elmo que este não parecia ter sido emprestado. Vós teríeis jurado, ao verdes como parecia feito à sua medida, que o nosso cavaleiro já usava aquele elmo ao nascer, e juntos, tinham crescido" (Troyes, 1994, p. 66).

em um convento de freiras. Após depor suas armas e arpões, tornou-se um eremita, vivendo dessa forma pelo resto da sua vida. Foi cremado em Joyous Guard. Sir Ector, o último dos cavaleiros originais da Távola Redonda, deixou o seguinte tributo:

> "Ah Lancelot, tu, que estás acima de todos os cavaleiros Cristãos, e agora atrevo-me a dizer, tu, Sir, Lancelot, nunca foste comparado aos cavaleiros da terra. E tu que eras o cavaleiro cortês que sempre defendeu. E tu que eras um verdadeiro amigo para a tua amada. E tu que eras o verdadeiro amante pecaminoso que sempre amou a mulher. E tu que eras o mais amável homem que sempre golpeou com uma espada. E tu que eras o mais bondoso dos cavaleiros. E tu que eras o mais gentil que sempre comeu na sala com as senhoras. E tu que eras o mais severo cavaleiro para o seu preço mortal que sempre desafiou a morte"[10].

Lancelot ficou conhecido como o cavaleiro da Carreta, por ter passado pela prova mais difícil em seu rito iniciático: subir na carreta, símbolo da infâmia, a par de, com esse gesto, passar a merecer o desprezo de todos. Porém, esse era o único meio de saber onde estava a rainha. Lancelot vacilou por instante e essa demora, tão breve, custou-lhe grande sofrimento. O herói sobe finalmente na carreta, induzido pelo impulso do amor. Lancelot personifica a busca da amada, a busca da *anima*.

Guenívere pode ser considerada como uma figura mítica, que representa a soberania de Inglaterra. Dessa forma, ela seria uma hipóstase de Eriu, a deusa irlandesa da soberania. Guenívere representa, portanto, não só a Noiva das Flores, como a Deusa da Tristeza ou a Dama Ferida, que sofre as conseqüências das disputas pelo poder, das barbáries cometidas pelos invasores, pela insensatez dos homens e mulheres incompetentes para aceitar o desafio do novo tempo.

Arthur optou pelo dever de reinar, mas não libertou sua *anima* do aprisionamento. Mesmo sabendo que Guenívere estava apaixonada por Lancelot, recusava-se a admiti-lo perante os outros, devido ao seu grande afeto por Lancelot. Libertar sua *anima* significava perder o amigo, simbolicamente seu duplo complementar. A denúncia de Mordred torna pública a acusação de traição e adultério. Quando Arthur cumpre seu destino, trai sua *anima* e a amizade a Lancelot. Guenívere recolhe-se a um convento, perdendo-se de sua alma. Lancelot, alertado por anjos, penitencia-se por seu amor, considerado pelo coletivo como adúltero, e sucumbe à vivência de culpa, retratando a moralidade maniqueísta coercitiva que ainda o impregnava. Lancelot traiu sua *anima* e o triângulo amoroso permaneceu sem solução.

---

[10] http://www.thewizard.com.br/textos/lancelot.htm - consulta em 18/8/2007.

Talvez a integração da *anima-animus*, configuração da busca do conhecimento de si mesmo, somente ocorrerá via sacrifício de Lancelot, de Guenívere e de Arthur. Cada personagem mítico, expressão simbólica das demandas por transcender o patriarcado, prenhe de defesas por conter os ditames da dinâmica do Coração, encontre salvação na busca da Sabedoria Profunda, conforme descrito no texto *"Depressão, a dor da alma de quem perdeu-se de si-mesmo"* (Alvarenga, 2007b):

(...) o mito de Orfeu se apresenta como um presente dos deuses, para nos conduzir ao entendimento desse fenômeno: acessar a Sabedoria Profunda e alcançar a compreensão simbólica do texto da própria vida. Essa compreensão devolve a criatura a si mesma, refaz a conexão com o *Self*, propicia a *coniunctio* simbólica consigo mesmo como um casamento através de Sofia.

A *coniunctio* através de Sofia nos remete a Orfeu. O herói, depois de longa viagem, (...) retornou a sua casa e, (...) encontrou sua esposa Eurídice morta, picada por uma serpente... Orfeu sem Eurídice se sente perdido de si mesmo e decide descer aos ínferos para resgatá-la do reino dos mortos.

A viagem de Orfeu ao reino do Hades configura um episódio iniciático de seu processo de individuação. Quem quer que adentre o reino das profundezas haverá de morrer e renascer simbolicamente para um tempo novo. Quem desce aos ínferos nunca mais retorna, pois o que volta é outro ser, é o renascido. Orfeu canta e encanta a todos quantos o ouvem; toca sua lira com a competência de mestre, filho insofismável do divino Apolo, deus da música, da arte, da medicina e da cura (...) da ordem, da lei, da justiça, da visão solar. Orfeu pode ser considerado como um duplo simbólico de Apolo. Inflado, talvez, pelo poder de sua arte e, tendo comovido tanto a Perséfone quanto a Hades com sua música, melodia, paixão, acabou por conseguir o retorno de Eurídice. Havia, porém, uma interdição: não olhar para trás, não ficar no passado, e, assim se dando, retornar permeado pela transformação ritualística. Orfeu já era casado com Eurídice. Ao tentar resgatá-la do reino da morte, resgatava a si mesmo, porquanto transformado pela *coniunctio simbólica com a anima*. Mas, Orfeu titubeou, suas dúvidas o fizeram olhar para trás e sua *anima* Eurídice se perdeu no reino da morte.

Talvez, tomado pela inflação egóica, Orfeu não conseguiu sua *coniunctio* com a *anima*. Sua juventude não lhe conferiu competência para tão grande desafio, e, assim, não confiou no presente que o *Self* lhe oferecia. O desespero tomou conta do herói. Retorna derrotado, não mais tocou sua lira, não mais cantou, desdenhou Afrodite, deprimiu-se e perdeu-se de si mesmo. Orfeu não desiste, assim conta o mito. Sua busca continua e seu encontro e *coniuctio* consigo mesmo se dará pela busca da Sabedoria Profunda, busca pelo Conhecimento, pelo *religar-se* através do *logos* da busca espiritual. O herói do tempo novo ousou fazer perguntas e buscar respostas que somente ele poderia responder. Orfeu se individua através do *logos espiritualizado*, quando busca o divino em si mesmo. O *Eros* da relação carnal, material, concreta com seu grande amor Eurídice, transforma-se no amor de Ágape sagrado com Sofia.

Tanto a busca do Cálice quanto a da *anima* ainda estão por se consumar.

8. A DEUSA E O CÁLICE SAGRADO

LONGE O INFANTE ESFORÇADO, SEM SABER QUE INTUITO TEM,
ROMPE O CAMINHO FADADO. ELE DELA É IGNORADO.
ELA PARA ELE É NINGUÉM.
Fernando Pessoa: "Eros e Psique"

A Grande Deusa encontra-se expressa em suas três faces. Guenívere, uma das faces, simboliza a juventude, a inspiração e a fertilidade; Morgana, sua segunda manifestação, representa o mistério, o noturno, o conhecimento das ervas, a magia e a cura da alma; a terceira face encontra-se retratada pela Dama do Lago, personificação da sabedoria, memória e domínio dos tempos, do conhecimento da Vida e da Morte.

Na mítica celta, como na mítica grega, a Deusa apresenta-se em seus aspectos variados: ora a protetora ou a curadora, ou ainda a inspiração poética; ora ciumenta e possessiva, ora intuitiva e plena de misericórdia, ou ainda plena de praticidade, lutadora, ou a própria guerra.

Quando a Igreja Católica Romana introduziu o culto à Virgem Maria, apenas uma face do divino feminino foi apresentada. Estavam excluídas as faces de Madalena-Amante, e de Sofia-Sabedoria.

A mítica judaica conservará a memória das três faces da Deusa como coisa espúria e nefasta. Segundo a lenda, a primeira mulher Shekinah (Mathews, Caitlin in Mathews, J., 1989, p. 137) já existia por si mesma, como eterna consorte de Jeovah. Lilith, a segunda mulher, após ter sido criada, não aceitou submeter-se a Jeovah; expulsa do reino de Deus, viu-se obrigada a vagar pelos desertos, acompanhada por seus cães. A terceira mulher, emergente na mítica judaica, nascerá da costela de Adão, ou seja, submetida ao masculino.

"O simbolismo da Shekinah não pertence apenas à esfera do judaísmo: o período de pós-exílio (de 500 a C. para diante) viu a ascensão do misticismo cabalista e a grande fertilização cruzada de conceitos religiosos no interior dos mundos judeu, helênico e cristão.

O cristianismo gnóstico elevou a figura da Sabedoria, Sophia, a uma posição que quase rivalizava com a do Cristo; em seus evangelhos apócrifos eles retrabalharam a descida de Shekinah como Queda de Sophia, fazendo-a responsável pela criação do mundo.

"A despeito do incipiente dualismo desses textos, encontramos novamente duas faces de Sophia: a Sophia caída, chamada de Achamoth, que vaga pelo mundo, triste e confusa, e a própria Sophia, a rainha transcendente do céu, cuja união com o Logos (o Verbo, ou a emanação de Deus) marcou o fim do exílio da criação" (Mathews, J. 1989, p. 139).

Segundo a lenda do Graal, já povoada pelo conteúdo cristão, José de Arimathéia lavava e perfumava o corpo morto do Cristo, após retirá-lo da cruz, quando percebeu sangue e suor vertendo da ferida torácica. Recolheu o material, segundo consta, em uma taça supostamente usada na última ceia, quando Jesus reunira-se com seus discípulos.

Após o sepultamento, o corpo do Cristo desapareceu e José de Arimathéia foi perseguido e preso pelos judeus, sob acusação de ter perpetrado o roubo. Na prisão, José manteve-se em jejum, por vontade própria e, dizem, o próprio Cristo apareceu a ele, manifestando-se em todo seu esplendor. Após o Cristo entregar-lhe o Cálice, instruiu-o para guardá-lo e levá-lo adiante, e também sobre a importância do ritual da missa, dizendo-lhe sobre sua tarefa de perpetuar o rito ao longo dos tempos, passando o ensinamento a tantos quantos pudessem recebê-lo, cumprindo sua missão de professar a fé.

Nesse momento solene, enquanto o Cristo instruía Arimathéia, uma pomba voou sobre a prisão e colocou no Cálice uma hóstia consagrada. José comungou o corpo transubstanciado do Deus Filho e, por aproximadamente trinta anos, o fato se repetiu, tendo sido esse o único alimento por ele recebido durante todo o período de prisão[11].

José de Arimathéia foi libertado, por volta do ano 70 d.C., pelo imperador Vespasiano, depois de o mesmo ter sido curado de sua lepra com o véu de Verônica. José, liberto, reuniu seus companheiros de fé e partiu para o exílio, indo pelo além-mar, não havendo registro algum de seu paradeiro. Para compor sua congregação, mandou construir uma mesa redonda, com treze lugares, reeditando a composição fenomênica da última ceia, quando Cristo reuniu-se com seus doze apóstolos. Passou a reunir-se com seus companheiros, compondo um total de doze pessoas. A décima terceira cadeira permaneceria, para sempre, desocupada. Se alguém ousasse sentar-se nela, era imediatamente tomado de grande sofrimento.

---

[11] O casal Evelyn Levy e Steve Torrence diz que é possível reprogramar o corpo para alimentar-se apenas do ar e da luz do Sol. Evelyn, em entrevista televisiva no programa *Jô Soares*, garantiu estar há dois anos somente à base de ar e de luz solar. Segundo afirma, a reprogramação orgânica acontece no DNA e é feita em um período de apenas 21 dias. A descoberta é fruto de pesquisas que o casal fez sobre o livro *Viver de Luz*, onde a autora, a australiana Jasmuheen, não só afirma estar há seis anos sem se alimentar, como ensina o segredo. "Só tínhamos uma possibilidade de comprovar: passando pela experiência", diz Evelyn. "Depois dos 21 dias, decidimos que não queríamos mais comer." LEYLA CUNHA in - http://www2.uol.com.br/JC/_2001/1507/fa1507_5.htm - em 29/7/2007.

Em função disso, a décima terceira cadeira ficou conhecida como a cadeira maldita ou a cadeira assombrada. A temática da cadeira maldita permanecerá na versão cristã da lenda do Graal.

Segundo Robert de Borron (McLean, 1989, p. 64), José de Arimathéia, quando velho, confiou a guarda do Santo Vaso a Bron, seu cunhado, o qual, com seus doze filhos, teria deixado a Palestina em direção à Europa, indo para a região da Bretanha. Com o passar dos tempos, a lenda celta foi sendo assenhoreada pela lenda cristã. Quando José de Arimathéia construiu o templo para acolher o Graal, instituiu uma ordem iniciática, de caráter esotérico, chamada Ordem dos Templários ou Ordem dos Cavaleiros do Graal, incumbida de guardar e preservar o Cálice Sagrado, ao longo dos séculos.

José tornou-se o Rei do Graal ou o Primeiro Guardião do Graal e não há nenhuma referência se foi chamado de Rei Pescador. Consta, entretanto, ter ele apresentado lesões nas coxas ou nos genitais e carregar uma ferida incurável. Como se feriria passou a ser motivo de especulações: alguns diziam ter seu ferimento correlação com a chaga torácica do Cristo, atingido na altura do quarto chacra, quando ainda pregado na cruz, causada pela lança de Longinus ou Longuinos. Ou seria a ferida decorrência de sua falta de fé ou de ofensa a uma donzela. Quem sabe, ainda, provocada por dissensões internas entre os templários ou por alguém que solicitara abrigo no templo.

O guardião do Graal era um rei mutilado, ferido de lesão incurável, causada por espada ou lança. O ferimento causava-lhe dor insuportável, impedindo-o de manter-se em pé ou sentado, mas somente recostado em uma cadeira.

O tema do ferimento nas coxas soa como arquetípico, pois vamos encontrá-lo anterior ou concomitantemente na mítica grega. Ser ferido nas coxas traduz, como representação simbólica, a condição de ser infértil, impedido para a vida de relação e vinculado exclusivamente ao exercício de servir aos propósitos do Divino. Podemos, assim, entender o guardião mantendo-se ferido nas coxas, infértil, enquanto o Graal não for integrado ao campo da consciência e à estrutura da identidade.

A primeira Igreja consagrada à Virgem Maria teria sido erigida próximo à cidade de Glastonbury, fundada por José de Arimathéia, nas montanhas das redondezas, em uma região chamada Mont Salvat ou Montanha da Salvação. O templo foi construído para guardar o Cálice, continente do suor e do sangue do Cristo.

Na lenda celta, o Monte Thor, também conhecido como Salvat, é um lugar consagrado à Grande Deusa-Mãe e teria em seu interior uma construção labiríntica, lembrando os encontrados em Creta. Nesse local, o peregrino comparecia para seu rito iniciático e, para realizá-lo, deveria subir ou vencer os sete patamares da compreensão, até chegar ao seu desenvolvimento pleno. Somente então poderia entrar em contato com a Deusa, tornando-se um guardião do vaso ou da fonte, ou ainda do caldeirão da fertilidade, abundância e sabedoria.

O Graal mítico, objeto precioso e dádiva divina, quando desapareceu no correr dos tempos, concorreu para a emergência da *Terra Devastada*. O Cálice, continente de incomensuráveis riquezas, representa o feminino alijado do masculino, o rei sem estar casado com a Terra. Essa separação decreta sua esterilidade – a esterilidade da Terra Mãe. A Terra Devastada da mítica céltica lembra o recolhimento de Demeter, impedindo a germinação dos grãos e a fertilidade de todos os seres viventes, quando do rapto de sua filha Coré. A Terra Devastada significa o reino deteriorado, a espada sem o cálice, o rei sem ser governo. O Rei Pescador ferido aguarda dolorosamente a vinda do cavaleiro *"puro, tolo, ingênuo"* com a pergunta necessária, quando, então, a terra voltará a florescer.

A Terra Devastada, tradução da dissociação extremada da dinâmica patriarcal, é também expressão do rei sem sua rainha, dos casamentos feitos pelos somatórios de bens. Representará também a expressividade consumada daquela maneira de ser e de vestir determinadas máscaras, atualizando *personas* defensivas com as quais se faz o estritamente esperado, tão-somente porque o coletivo assim o exige. É fundamental fazermos o que nos realiza e traduz, concorrendo assim para nos tornarmos cada vez mais a própria demanda, o que nascemos para ser.

No filme *Excalibur*[12] [13], de John Borman, encontra-se a explicitação da dissociação acima descrita: Arthur separado de Guenívere, o rei separado da terra, os cavaleiros sem seu rei, Arthur sem o amigo Lancelot. Não há como haver fertilidade quando o feminino está dissociado do masculino. Para

---

[12] O filme *Excalibur*, produzido em 1981, foi dirigido por John Borman e tinha no elenco Nigel Terry e Nicholas Clay.

[13] Segundo o épico *Suite du Merlin*, Excalibur foi entregue ao Rei Artur pela Dama do Lago, quando sua espada original foi destruída em uma batalhacontra o rei Pelinore. Já no poema de Robert de Boron, *Merlin*, Excalibur é a espada da lenda da Espada na Pedra, na qual uma misteriosa espada apareceu traspassada em uma pedra, e apenas o rei por direito de toda Britannia poderia retirá-la. No poema grandioso de sir Thomas Malory é a poderosa espada, e aquele que a possuir terá a glória eterna. Porém, não deve ser usada para a morte e sim para a reconstrução, fato que Arthur leva em consideração, já que ele é a natureza e tudo mais na epopéia de Malory. A história na verdade é muito mais complexa do que isso. Diz a lenda que a espada não apareceu na pedra sem nenhum motivo; ela surgiu na verdade por um feitiço do próprio Merlin, para reencontrar o rei Arthur e reconduzi-lo ao trono. Para tanto, lançou-se um boato de que o próprio rei havia colocado a espada naquela pedra. Então que Arthur desmemoriado volta até Camelot, onde a pedra estava, em seguida o rei atual que estava lá sem ser de seu direito, lançou um campeonato para encontrar Arthur e matá-lo de uma vez por todas. Os dois finalmente estavam frente a frente, o atual rei não conseguiu tirar a espada do local, mas Arthur sim e, ao fazê-lo, recobrou sua memória e assumiu assim o trono. Excalibur é citada também por uma das mais famosas bandas de metal do mundo, Grave Digger (http://pt.wikipedia.org/wiki/Excalibur - em 18/8/2007).

fertilizar e criar haverá de ter a mão do trabalho, do arado para o sulco na terra, a semente plantada, e dessa conjunção obter o filho do novo tempo. Ao longo dos tempos, o Cálice se perdeu, o templo do Graal desapareceu da visão dos homens, permanecendo em suspenso em um tempo-espaço desconhecido, aguardando o cavaleiro de grande pureza de alma para reencontrá-lo.

Em se tratando de távolas redondas, a primeira foi construída a pedido do próprio José de Arimathéia, quando ainda em seus primeiros tempos de exílio. A segunda foi construída juntamente com o templo do Graal, também por ordem de José, e a terceira foi feita por ordem de Merlin, com o fito de congregar os cavaleiros de Arthur, no castelo de Camelot.

Junto à Távola Redonda do castelo de Arthur existe também uma cadeira vazia, denominada maldita ou maluca e na qual ninguém toma assento até aparecer o mais puro de todos os cavaleiros para redimir essa maldição. Lancelot tentou nela sentar-se e não conseguiu. Do mesmo modo, Bors, Gawain, sobrinho de Arthur, ou Parsifal: todos tentaram e foram repelidos. O único cavaleiro a tomar assento na cadeira maluca, maldita, assombrada, segundo a lenda, foi Galahad, filho de Lancelot. Todos os demais cavaleiros não conseguiram, em decorrência de terem em suas vidas marcas de pecados ou máculas impeditivas. Galahad, por ser o mais puro de todos os cavaleiros, pode fazê-lo e, por assim ser, encontrou o Graal. Em outras versões, como já descrito anteriormente, o Cálice Sagrado foi encontrado pelo "puro-tolo-ingênuo" Parsifal.

A lenda, quando descrita por sua vertente cristã, não incluía o tema heróico de Arthur e seus cavaleiros. Nas tradições celtas, todavia, encontramos relatos sobre vasos ou caldeirões, espadas e távolas da congregação dos homens, temas em parte conservados por Wolfram Eschenbach e preservados pela memória do povo irlandês.

A região da antiga Bretanha – composta das atuais Inglaterra, Escócia, Irlanda e parte noroeste da França – passou por várias invasões promovidas pelos povos anglos e saxões vindos do norte e nordeste da Europa, como também sofreu invasão dos pictos vindos da região da atual Finlândia, ocupando inclusive as terras da Escócia. Os celtas mantiveram-se como habitantes da antiga Bretanha, mas continuamente foram recuando de seus domínios: seus últimos redutos estiveram situados nas terras da atual Irlanda.

Segundo a lenda, quando essas invasões ocorreram, os povos da Deusa celta foram exilados para pequenas regiões, obrigando seu culto a restringir-se somente a locais como cavernas e grutas, confinando, dessa forma, a religião e seus ritos à região do submundo. Esse fenômeno lembra o ocorrido na mítica grega, quando suas deusas foram relegadas ao reino dos Ínferos, tornando-se ctônias, segregadas do convívio pela imposição dos povos invasores e pela religiosidade urânica, celeste, e da "luminosidade" dos deuses masculinos da fé invasora. Com a invasão veio a supremacia e a prevalência do reinado dos deuses patriarcais, com predominância do "logos", da regra e da norma, da espada e da discriminação. Os povos invasores e seus respectivos deuses foram sempre guerreiros, norteados pelo caráter dominador.

Na região da Irlanda, quando as deusas viram-se segregadas ao reino do submundo, solicitaram dos homens a manutenção de seus nomes. Dentre todos, porém, somente um restou na memória dos povos, dando nome ao país preservador da mítica das grandes deusas. Eriu, o nome da deusa, passa a ser também o nome da terra, transformando-se em Eire (Irlanda). Os demais nomes, como Flota, Badb e Morrigu, acabaram-se perdendo. Entretanto, uma série de nomes de divindades menores foi sendo incorporada à cultura vigente.

Santa Brígida, da Igreja Católica, tem seu nome originado de um dos atributos da Grande Deusa, por seu aspecto virginal, quando então era chamada de Bridge ou Bride. Na futura língua inglesa, a palavra passa a ter o sentido de noiva. Santa Brígida é tida como a deusa dos ferreiros, por ser Bride ou Bridge quem se ocupava da arte do fogo. Na mítica cristã, Santa Brígida será celebrada no primeiro dia de fevereiro, com procissões iluminadas por candeias. Por esse fato, passou a ser também conhecida como Nossa Senhora das Candeias ou Nossa Senhora da Candelária. Para os celtas cristianizados, Santa Brígida passa a ser conhecida como madrinha de Cristo.

As deusas celtas são também representadas por seus aspectos trinos, com as diferentes faces pertencentes à mesma entidade. Na região da Inglaterra, Morrigu é uma das faces conhecidas da Deusa, sendo essa manifestação muito semelhante à das Fúrias, da mítica grega. Na lenda celta, Morrigu é a deusa dos pesadelos, Badb é a deusa-corvo ou dos maus augúrios, e Macha é a deusa da guerra.

Arthur, no final dos tempos, ferido após muitas batalhas contra seu próprio filho Mordred, foi levado para a Terra de Avalon por três rainhas-fadas ou três deusas-mães ou por três sacerdotisas. Arthur foi levado pelas rainhas-fadas conhecidas como Rainha da Ilha das Maçãs ou Senhora da Terra das Brumas ou Deusa da Ilha de Avalon ou Terra de Anwan. As três fadas, deusas, ou sacerdotisas foram Morgana, Northgail e a Dama dos Ermos. Seja como for, as deusas, quando no seu aspecto benfazejo, eram conhecidas como rainhas-fadas e, quando nos aspectos agourentos ou de maus pesadelos, como bruxas.

Sempre serão três as faces da divindade apresentadas para traduzir a Grande Deusa: velha, feia, bruxa ou jovem, bela, amante ou ainda adulta, ousada e protetora. Também três são as formas do cálice ou caldeirão, concessões da Deusa.

O primeiro deles estaria na Terra de Anwan ou Avalon, reino do submundo ou reino das profundezas, guardado por nove fadas ou nove sacerdotisas ou nove divindades. Trata-se de um caldeirão mágico e, segundo a lenda, o Senhor Arthós ou Arthur, dos tempos primordiais da era pré-cristã, partiu para tentar seu resgate. O caldeirão de Anwan ou Avalon é tido como o vaso da abundância e da fertilidade.

O segundo caldeirão, do renascimento e sabedoria, teria sido encontrado em Ceridwen. O trovador Taliesin buscou por esse caldeirão e, tendo-o encontrado, descobriu a fórmula de um cozido ou caldo de ervas. Quando algumas gotas pingaram em suas mãos, Taliesin levou os dedos aos lábios e experimentou um sabor inesquecível, talvez o sabor do conhecimento.

O terceiro caldeirão, de Dagda, é representado nas historietas de Asterix como o provedor copioso de alimentos e tem uma característica especial: o alimento desse caldeirão, ao ser ingerido, diferencia o bravo do covarde. Ao bravo confere força magnífica.

O Graal da última ceia, tido como o primeiro cálice, encontra-se relatado no texto *Perceval*, de Robert de Borron. O cálice continente do sangue e suor do Cristo, ou o cálice recebido das mãos do próprio Jesus, teria sido trazido por José de Arimathéia, quando veio da Palestina. O segundo Graal, relatado por Wolfram Von Eschenbach, ter-se-ia originado de uma pedra de luz, talvez de uma pedra trazida dos céus pelos anjos neutros do Senhor, pois não participaram das querelas entre Deus e Lúcifer. O terceiro Graal, relatado por Chrétien de Troyes, sem origem determinada, é considerado como o vaso do alimento sagrado.

Interessante atentar para a semelhança encontrada também nos três vasos usados no processo alquímico, dos quais se serve o pesquisador em seus trabalhos de busca da Pedra Filosofal. O primeiro é chamado de Crisol, o purificador das impurezas das substâncias, sem o que a transformação não ocorre. Funciona como um *Vaso do Renascimento*. O segundo é a Retorta, onde as substâncias ficam recolhidas durante dias, meses, senão anos, à espera de transformações necessárias, seja por meio de reações químicas, seja pela sedimentação: é chamado de *Vaso da Transformação*. O terceiro é o Alambique, onde as substâncias retiradas da Retorta, através do processo do aquecimento, são destiladas e a seguir resfriadas para serem consumidas: é o *Vaso da Alimentação*.

O Graal, cálice da Última Ceia, continente do sangue e suor do Cristo, vaso da sabedoria, oriundo dos céus, ou ainda, cálice do alimento, simbolizou e se manterá até nossos tempos como representante da luz da compreensão, da fonte da sabedoria, reduto da inspiração e continente do alimento inexaurível. Suas mensagens e simbologia estão contidas e explicitadas nas faces da Deusa, fundindo-se em uma mítica e mística comuns. Dessa forma, a busca do cálice precioso passará a traduzir a reintegração do feminino na consciência do mundo, dela alijado por séculos.

As deusas rechaçadas para o plano do ctônio, do submundo, das sombras dos Ínferos, por não terem seu culto integrado à consciência humana vigente, revoltaram-se, gerando a Terra Devastada. A Terra, hipóstase da Grande Deusa, não produzirá fartura nem alimento, não será inspiração nem promoverá renascimento, não acolherá em seus ninhos nem desenvolverá congregação. A consciência patriarcal dos tempos da Idade Média, com sua dinâmica defensiva, bem como a dos tempos atuais, retratará a ausência das deusas repudiadas (Byington, 1983, p. 8-63).

9. ARTHUR E SEUS CAVALEIROS

MAS CADA UM CUMPRE O DESTINO,
ELA DORMINDO ENCANTADA, ELE BUSCANDO-A SEM TINO
PELO PROCESSO DIVINO, QUE FAZ EXISTIR A ESTRADA.
Fernando Pessoa: "Eros e Psique"

O mito da perda do Graal, ancestral e antigo, precede em muito as emergências literárias dos séculos XII, XIII e XIV. Retrata simbolicamente a impotência do coletivo por não conseguir proporcionar a real integração do feminino. A demanda pelas relações de paridade emerge do inconsciente, buscando espaço na psique desejosa do novo tempo da consciência. Arthur e seus cavaleiros buscaram fazê-lo, é verdade, mas não tiveram suficiente humildade, sabedoria, pureza e propósitos de alma para concretizá-lo.

Arthur é a representação simbólica do tempo em que o Ego não tem estruturação suficiente para integrar a Sombra pessoal e coletiva, decorrentes das defesas patriarcais. Como partes de um todo, os cavaleiros da Távola Redonda são representantes simbólicos do próprio rei. Em suas peripécias, acompanhamos o desenrolar de uma saga pela qual o complexo do herói, anunciador da dinâmica do Coração, tenta incansavelmente a transformação da psique. Somente o novo tempo da consciência, traduzido pela composição Eu-Outro poderá abrir caminho para a integração definitiva da *anima*, com o que a relação com o outro se fará em uma condição de simetria.

O eixo estrutural Ego-*Self* (Byington, 1983, p. 8-63) reclama pela recomposição e reestruturação da dinâmica da consciência. Enquanto a *traição*, maior crime dos tempos da *dinâmica do Coração*, não for ressarcida e elaborada na relação simbólica com o Outro, a transformação anunciada não se consumará, não haverá integração do feminino da Deusa, e os tempos de Alteridade não serão estabelecidos. A presença da décima terceira cadeira na Távola Redonda atestará e manterá acesa a memória do crime de traição cometido por Judas Iscariotes.

Entender o crime praticado, pelo processo de elaboração simbólica dessa realidade em nossa própria alma e alcançar a compreensão profunda de seu significado são tarefas de cada um de nós. O Graal e seus mistérios só serão redescobertos, em nós mesmos, quando a relação humana estiver isenta dos crimes cometidos contra a Deusa. A integração Graal e seus mistérios no campo da consciência, como símbolo estruturante, é tarefa ainda dos tempos atuais em busca de solução.

A Igreja Ortodoxa Cristã do Oriente tornou-se, ao longo dos séculos, mais e mais patriarcal, com exclusão do feminino, enquanto a Igreja Católica Apostólica Romana, regendo no Ocidente, amenizou sua postura, introduzindo e difundindo o culto à Virgem Maria e ao Rosário. Fazendo-se aliada do Estado, levou à conversão dos imperadores Constantino e Vespasiano. Assim, a Igreja expandiu seu domínio e conseguiu a manutenção do poder temporal, mesmo não sendo de sua alçada. Fez construir imensas catedrais, servindo-se da forma e da geometria, pedrarias e riquezas, para atestar sua presença permanente no mundo.

A Igreja Católica Apostólica Romana assumiu a tarefa de integrar o feminino da Deusa, mesmo fazendo-o através de uma só de suas faces, a da Virgem, mutilando ou negando as demais. As lendas menores do ciclo, agregadas ao mito de Arthur e seus cavaleiros, falam do mesmo fenômeno de integração da Grande Deusa. O fato será relatado de forma muito interessante se atentarmos para a leitura simbólica das lendas e do quanto estes se ocuparam em retratar os ritos iniciáticos dos jovens heróicos cavaleiros em busca da *anima*.

Existe uma lenda, dentre tantas outras, conhecida como a do Cavaleiro Verde. Certo dia, estavam Arthur e seus cavaleiros reunidos na capela de Camelot, quando nela adentrou certo *"Senhor do Castelo"*, conhecido na estória como o Cavaleiro Verde. Dirigiu-se a Arthur e exigiu do rei permissão para cortar-lhe a cabeça com sua espada Excalibur. A recusa foi imediata. No entanto, o cavaleiro o ameaçou, dizendo-lhe: *"se não o fizeres, eu, Cavaleiro Verde, cortarei tua cabeça"*, e avançou contra Arthur.

Gawain prontamente adiantou-se e cortou a cabeça do nobre Senhor do Castelo, ante o espanto de todos. A cabeça rolou pelo chão do santuário, mas eis que o corpo acéfalo caminha em direção à própria cabeça, toma-a em suas mãos e, dirigindo-se ao jovem Gawain, lhe diz: *"Foste suficientemente corajoso, meu jovem, para cortar minha cabeça! Como a cortaste, dentro de um ano exatamente deverás te apresentar à Capela Verde, onde eu cortarei tua cabeça".*

Gawain, absolutamente surpreso, concordou com o inusitado, comprometendo-se a comparecer ao encontro. O Cavaleiro Verde recolocou sua cabeça sobre o próprio pescoço e deixou o santuário, sem nem uma outra explicação. Todos ficaram profundamente consternados com o ocorrido e com a má sorte de Gawain.

Os dias se passaram e, quando faltava pouco tempo para findar o prazo, o jovem cavaleiro partiu em busca da Capela Verde, para apresentar-se diante do Cavaleiro Verde, cumprindo a exigência imposta. Depois de muito caminhar, chegou a um castelo desconhecido, onde pediu abrigo. Foi recebido com toda a gentileza possível, sempre dispensada aos hóspedes, e convidado a passar uns dias no castelo com seu anfitrião e sua jovem e linda esposa. Nosso cavaleiro contou sua história com detalhes e o Senhor do Castelo disse-lhe conhecer a capela procurada, sabendo-a bem próxima da região onde estavam. Como restassem ainda três dias para vencer o prazo, Gawain aceitou o convite para permanecer no castelo, e assim poderia aproveitar o tempo para descansar e recuperar-se para o fatídico encontro.

O Senhor do Castelo propôs a Gawain participar com ele de um jogo, por três dias e, a seguir, ele próprio o levaria à Capela Verde. O jogo proposto consistia em uma troca de presentes. O anfitrião sairia para caçar e Gawain permaneceria no castelo: tudo quanto o Senhor do Castelo conseguisse em suas caçadas, traria como presente, recebendo em troca tudo quanto o jovem cavaleiro auferisse em seu dia no castelo. Aceitas as condições, o jogo assim se deu.

No primeiro dia, Gawain passeou e conheceu o castelo, acompanhado pela anfitriã, a qual se aproximava amorosamente dele, tentando seduzi-lo de todas as formas. Gawain resistiu heroicamente até o final do dia, quando então consentiu em receber um beijo da jovem senhora. Ao fim do dia retornou o Senhor do Castelo, trazendo em suas costas um gamo morto. Jogou-o no meio do salão, e perguntou: "*E tu, meu jovem, que ganhaste?*" O cavaleiro de Arthur, apesar de confuso com todo o ocorrido, e envergonhado com a presença da dama, respondeu com fidelidade: "*Um beijo*". Aproximou-se do Senhor do Castelo e beijou-lhe a face.

No dia seguinte, a situação se repetiu, permeada pela intensa sedução da jovem senhora e, ao final da tarde, o jovem cavaleiro cedeu aos encantos da mulher e aceitou receber como presente suas carícias. Quando o Senhor do Castelo chegou, trazia nos ombros um enorme javali. Entregou-o a Gawain, conforme o combinado, e quis saber de seu presente. Como resposta recebeu "*dois beijos*" em seu rosto... Finalmente, no terceiro dia, o assédio intensificou-se tal forma, preocupando Gawain, temeroso de não conseguir resistir à tentação.

Em sendo hóspede, sua honra de cavaleiro estava acima de tudo. A insistência, porém, foi muito explícita. Gawain não conseguiu resistir e recebeu três longos beijos. Para seu grande espanto, a Senhora do Castelo entregou-lhe uma fita verde dizendo-lhe para guardá-la com muito carinho, a par de afirmar ser a mesma uma proteção a tudo, inclusive "aos riscos de vida". O dia terminou e o anfitrião trouxe uma raposa nas costas. Após depositá-la na mesa, quis saber de seu presente. A resposta de Gawain soou reticente e duvidosa:"*somente três beijos*", e assim premiou seu anfitrião, retendo o fitilho verde.

Gawain partiu pela manhã em direção à Capela Verde, orientado pelo Senhor do Castelo e, lá chegando, apresentou-se ao Cavaleiro Verde: "*Muito bem, jovem cavaleiro, cumpriste tua palavra; ajoelha-te, pois, e coloca tua cabeça neste tronco para ser cortada*".

Gawain tremia e suava possuído por grande medo, mas, mesmo assim, ajoelhou-se sem conseguir abaixar a cabeça. O Cavaleiro Verde, com a espada levantada, esperava. Após algum tempo, como a cabeça do cavaleiro permanecesse tesa, desceu os braços dizendo: "*meu jovem, tenho uma tarefa a cumprir e tu, com teus medos, me impedes de realizá-la. Sugiro ao senhor cumprir o combinado, colocando-te à minha disposição*". O cavaleiro de Arthur recompõe-se com muito custo, ajoelha-se e deita a cabeça sobre o tronco, mas o corpo continua contraído e tenso. Pela segunda vez o Cavaleiro Verde levantou e voltou a baixar sua espada sem conseguir realizar seu intento: "*Meu jovem, esperava um homem corajoso, apresentando-se diante de mim, cumprindo nosso trato sem titubear, mas não o vejo aqui. Pareces não estar qualificado para a tarefa!*".

A coragem e a honra do jovem cavaleiro foram questionadas. Gawain não sabia o que fazer, tão desesperado estava. Lembrou-se então da fita verde, presente da dama e, agarrando-se a ela com grande fervor, sentiu seu coração tranqüilizar-se e a entrega de si mesmo aconteceu. Ajoelhou-se contrito, colocou sua cabeça sobre o tronco e, tomado por uma coragem desconhecida, esperou o golpe fatal. O Cavaleiro Verde levantou sua espada com firmeza e desferiu a espada em direção a cabeça de Gawain, atingindo-lhe a testa e ferindo-o de raspão.

Gawain levantou-se assustado e qual não foi sua surpresa ao descobrir serem o Cavaleiro Verde e o Senhor do Castelo a mesma pessoa. E, mais, sua cabeça estava a salvo! Confuso e envergonhado, alegre e desconfiado, não entendendo nada do ocorrido, o cavaleiro de Arthur ouviu, com certo constrangimento: "*Como foste corajoso, meu caro, ganhaste a vida; como mentiste, eu te feri com a espada, em tua testa, para carregares a marca de tua falta. Vai, estás livre para partir. Ainda tens uma missão a cumprir. Busca os teus e conta o sucedido*".

Gawain retornou ao castelo de Camelot e lá chegando, como era usual, relatou a Arthur e a seus companheiros o ocorrido. Sentia-se ainda envergonhado com sua própria atitude, seja porque havia omitido parte da verdade ao Senhor do Castelo, ou porque tivera medo e experimentara, em si mesmo, sentimentos nunca antes conhecidos. Salvou sua vida sim, era verdade, e o Cavaleiro Verde afirmou-lhe ter conseguido o intento por sua coragem. Entretanto, para isso precisou deparar-se com seu próprio medo, medo de morrer, com sua mentira e, mais que tudo, com sua fraqueza.

Gawain sentiu vergonha de si mesmo. O rei o reconfortou como um pai e enalteceu sua atitude dizendo-lhe: *"Ser cavaleiro significa também ser esperto; tu precisaste descobrir seu medo para saber-se corajoso. Ao conhecer tua fraqueza pudeste encontrar a fé na providência divina, rendendo-te a ela".* Tão contente ficou Arthur com a façanha do sobrinho, que propôs a todos os cavaleiros da Távola Redonda usarem o fitilho verde, na ponta de suas lanças, em memória do feito de Gawain.

Gawain, também como hipóstase de Arthur, é um jovem cavaleiro passando por ritos iniciáticos. Fazer a peregrinação pela floresta e oferecer sua cabeça para ser cortada significava estar pronto para deixar as posturas defensivas da dinâmica patriarcal e mergulhar nas profundezas da alma, sob a regência da dinâmica do Coração. Para tanto, haveria de estar investido de grande coragem. Conseguiu passar pela tentação da luxúria, pela tentação do medo (da morte) e, finalmente, superou a tentação do dever. Sobreviveu a todas as provas, mas ficou envergonhado. Como entender seu sentimento?

Voltemos nossas atenções para os animais recebidos por nosso cavaleiro como presentes do Senhor do Castelo. Podemos pensar esses animais como aquisições à personalidade do iniciado. O *gamo* representa a juventude, o sangue novo do renascimento e a condição de transformação. O deus Cernunos, o deus dos cornos da mítica celta, faz-se representar como *gamo*. Cernunos guarda grande semelhança com Dionísio e, tal como o deus grego, representa também a expressão da vida, morte e renascimento. Receber esse animal de presente configura, simbolicamente, adquirir poder sobre a vida e sobre a morte.

O *javali* representa a competência para a aquisição do poder espiritual, de onde resulta a incorporação do verdadeiro conhecimento: somente por meio dele Gawain poderá combater seu medo do desconhecido. Assim, o javali só poderia ser-lhe dado após o gamo. A raposa, expressão da esperteza e sagacidade, confere as condições necessárias à emergência plena do arquétipo do herói dos novos tempos, condição imprescindível para a passagem da dinâmica de consciência patriarcal para a dinâmica de consciência pós-patriarcal ou de Alteridade ou dinâmica do Coração.

A hominização acontece pela ampliação da consciência e da estrutura egóica. Como preconiza Byington, o ego deixa de ser o centro da consciência para dar espaço ao novo complexo egóico Eu-Outro. Quando dos ritos iniciáticos, as transformações decorrentes do fenômeno transicional conferem ao iniciado o conhecimento de si mesmo. O conhecer-se a si mesmo é condição necessária para estruturar a dinâmica do Coração. Simbolicamente, retoma-se o fruto proibido da árvore da sabedoria, e descobre-se a composição da própria essência. Conhecer é saber (experimentar o sabor, o gosto de...) e estruturar símbolos até então componentes da Sombra. Assim se dando, emerge o desconforto de saber-se, ao mesmo tempo, corajoso e covarde, inseguro e temerário, com fraquezas e fortalezas, com demandas de lealdade e demandas de traição.

A par da grande confusão egóica sentida e experimentada, o símbolo estruturante "vergonha/admiração de si próprio" emerge para o campo da consciência e passa a compô-la com ambas as polaridades, até então vividas como realidades excludentes ou com uma delas projetada no Outro. O sentimento experimentado por Gawain decorre certamente da consciência de si mesmo, recém-adquirida. O centro da consciência estabelecido pela relação Eu-Outro passará a conjugar as polaridades antinomiais: Deus e sua consorte, conhecimento e verbo, o ser e o fazer. Dessa forma, o conhecimento será junto com o verbo e o coração junto com a ação.

Importante atentar para essa mudança na estruturação da identidade, qual seja, o ego, centro da consciência da dinâmica patriarcal, confere à psique o referencial da identidade de si, decorrente da relação que mantém com o grande coletivo. O coletivo representa o Outro, que confere ao ego valores, qualidades, atributos etc., como estruturas componentes da identidade de si. Essa condição de a própria identidade decorrer de atributos que o coletivo confere ao Eu permanece como instância constitutiva da identidade pela vida afora. Sempre, para o indivíduo saber-se, precisará do referencial do que o Outro (coletivo) lhe atribui, ou seja, o que o "outro" pensa de si, sente por si e, mais que tudo, o que o outro espera de si.

Na mítica grega encontramos, nos mitos dos heróis, a *consignia* das virtudes *Areté e Timé*. A primeira representa a excelência, a condição de ser o melhor dos melhores, de ter competência para executar as tarefas mais difíceis e realizá-las com maestria. A segunda, *Timé*, decorrente da primeira, confere ao sujeito a condição de ser honrado, uma vez que executou ou realizou grandes trabalhos. Atente-se para a situação de serem essas virtudes atributos das figuras da mítica dos heróis e, portanto, de caráter arquetípico. O reconhecimento dessas virtudes advém de o coletivo perceber a excelência da execução da tarefa (*Areté*), como também reconhecer o mérito de quem a executou e, como decorrência, o direito de receber as honrarias (*Timé*).

Todos os seres humanos mantêm essa instância da identidade atrelada ao coletivo. O que o sujeito é depende do julgamento e do reconhecimento do coletivo quanto à sua competência (ou não) para executar as tarefas ou desempenhar suas atividades, bem como conferir-lhe honrarias por qualificar os feitos como realizados com excelência. A manutenção desses atributos, virtudes do herói, permanece na psique de todos os seres humanos como condição estruturante da própria identidade.

Quando o herói não cumpre sua tarefa a contento ou quando trai a condição de realizá-las não mais em função do bem comum, não irá concorrer para o engrandecimento, crescimento e desenvolvimento do coletivo. Se assim ocorrer, as virtudes *Areté e Timé* lhe serão negadas. A destituição desses atributos desencadeia no herói o sentimento de vergonha de não conseguir corresponder à expectativa do que o outro (coletivo) espera de si.

Pode-se, portanto, entender a importância que a manutenção dessa instância da própria identidade representa para cada um. Todos continuam a tê-la e mantê-la. Todos precisam sentir que são excelentes e todos precisam do reconhecimento coletivo.

No entanto, manter-se atrelado a essa dependência de sentir-se aceito implica sofrer um processo de estagnação. Manter o referencial da própria identidade dependente da aceitação e reconhecimento do coletivo significa não transgredir, não ousar. Ao longo da vida, quando não se transgride, corre-se o risco de perder-se do próprio processo de individuação. Não ousar implica manter-se sob o jugo do outro. Significa não assumir as demandas do coração.

A condição de ousar e transgredir confere, àquele que assim se exerce, a possibilidade de estruturar a instância da identidade qualificada pela relação Eu-Outro, onde o outro é a própria psique do transgressor. Sem essa instância da própria identidade, não há como transcender a dinâmica patriarcal e adentrar o tempo da dinâmica de Alteridade.

Sabemos que a dinâmica patriarcal, anunciada pela emergência do herói-conquistador e da heroína-acolhimento, regida pelo arquétipo do Pai, estabelece um *Código* no qual a *Ordem, o Dever e a Honra* são realidades incontestáveis e norteiam a relação entre os humanos. O *Código* não suporta exceções, nem pode ser alterado sem a anuência do grande coletivo. A *Ordem* determina que a *Vida* é soberana dentro da tribo, estabelece discriminação dos limites, estipula a hierarquia dos cargos e declara a assimetria das relações; o *Dever* estabelece a obrigatoriedade do cumprimento de tarefas como realidade imposta pela ordem vigente; a *Honra*, por sua vez, define a probidade dos homens, que, reconhecidos pelos seus feitos e méritos, devem ser respeitados por todos, sem contestação.

Nessa dinâmica, crime é tudo quanto ultrapassa a medida do que está previsto pelo limite da lei ou do código, código esse estatuído por um conjunto de normas e regras decorrentes do *ethos* coletivo.

Na dinâmica de Alteridade, dinâmica do Coração, anunciada pelo herói-heroína-amante-amado, regida pelo arquétipo da *coniunctio* que estrutura *anima-animus*, a relação simétrica entre os pares configura demanda maior.

Nesse novo tempo, a *Vida* é incontestavelmente soberana para todos, dentro e fora da tribo; a *Ordem* é estabelecida por contrato entre os pares envolvidos, uma vez que a relação é necessariamente simétrica; o *Dever* é cumprido por opção e anuência dos contratados; a *Honra* define a probidade de homens e mulheres que, reconhecidos por seus feitos e méritos, são respeitados, podendo entretanto ser contestados pela autonomia de seus pares.

O respeito, a confidência e a continência ao *Outro*, diferente do *Um*, são condições inalienáveis a essa dinâmica. Os desafios decorrentes dos reclamos anímicos, e que inclui a simetria da relação entre os pares, quando propostos aos homens e mulheres, passarão necessariamente pela rendição ao *binômio lealdade-fidelidade*.

A relação simbólica estabelecida pela dinâmica de Alteridade, dinâmica do Coração, será sempre de lealdade e fidelidade ao outro. Dessa forma, crime é tudo quanto configura traição ao binômio lealdade-fidelidade de si para o outro e do outro para si.

****

Outra lenda muito interessante vem por meio do relato do desafio imposto por certo Senhor do Castelo. Segundo consta, Arthur e seus cavaleiros foram incumbidos de encontrar resposta a uma questão insólita, proposta pelo Senhor da Dama do Castelo. Se não encontrada, o reino estaria ameaçado por grande desgraça. O enigma proposto era o seguinte: *qual é o maior desejo da mulher?*

Gawain e Arthur partiram em peregrinação, tentando encontrar a solução. Após meses e meses de busca, investigando por todos os cantos, inquirindo a todos quantos encontravam, sem conseguir obter qualquer resposta satisfatória, nossos cavaleiros já estavam desesperançados por não conseguirem executar a façanha. Quando tudo parecia perdido, encontraram uma criatura horrenda, com o rosto todo disforme, pêlos cobrindo a face, dentes salientes como os de um javali, nariz achatado como o de um porco, mãos em forma de garra e obesa como ninguém vira antes.

A mulher, se assim pudéssemos chamá-la, aproximou-se de Arthur e Gawain e, dirigindo-se a eles, disse: *"Cavaleiros, sei da procura a vós imposta! Buscais resposta à questão, a vos confiada. Eu tenho como ajudar. Porém só o farei se um de vós se casardes comigo por um dia".*

Arthur engoliu em seco e, como já era casado, deixou a tarefa para Gawain. O jovem, em sendo um bom cavaleiro, viu-se obrigado a aceitar a incumbência, mesmo a contragosto, cumprindo seu dever. A criatura horrorosa prosseguiu: *"Se estás disposto a se casar comigo, antes de fazê-lo, deverás me dar um beijo".*

Gawain sofria com a incumbência, mas preparou-se para cumprir sua tarefa: aproximou-se da criatura e beijou-lhe a face. E qual não é seu espanto quando a vê metamorfosear-se diante de seus olhos, surgindo, como por encanto, uma linda jovem, esbelta e perfumada, com cabelos e pele sedosos, dentes perfeitos e brancos como marfim, sorrindo como se fora enamorada, encantando com sua formosura.

Assim, o casamento deveria acontecer em breve. A estranha dama aproximou-se do cavaleiro e confidenciou-lhe: *"Se me quiseres assim, bela como estou para juntos passarmos a noite, pela manhã estarei obrigada a retomar a forma anterior que me foi imposta pelo feitiço. Se, todavia, preferires a minha beleza exposta ao público, estarás obrigado a aceitar-me com a face da maldição".*

Gawain olhou-a com todo carinho e, sem titubear, respondeu: *"não me compete escolher a forma que deverás ter diante de mim ou diante do público ou, ainda, a maneira como deverás te apresentar quer durante o dia, ou à noite. A escolha é somente tua e livre tua decisão".*

Lady Ragnel, esse era o nome da dama, olhou-o com ternura e gratidão dizendo: *"terminou por completo o encantamento com tua resposta. Desta forma recupero minha total autonomia".*

Surgiu então o Senhor do Castelo, proponente do enigma, exigindo de Arthur a resposta à questão a ele dada como incumbência: *Qual é o maior desejo ou qual a coisa mais importante para a mulher?*

Arthur, até então sem eco às suas indagações, sentiu-se invadido por profunda certeza e convicção. E responde sem titubear: *"O maior desejo da mulher é recuperar a soberania que lhe foi roubada".*

Assim é o feminino da Deusa contido na busca do Graal. Encontrar o Cálice significa concorrer para a reintegração dos atributos do feminino representados pela soberania e autonomia, sabedoria e fecundidade, fertilidade e competência para nascer e morrer eternamente, transformar-se e dominar o tempo, curar e mudar de forma quando bem lhe aprouver.

Na mítica e tradição celtas, as mulheres podiam viver sem seus respectivos companheiros. Se ficassem viúvas ou resolvessem não se casar, da mesma forma como os homens, não estavam obrigadas a uma tutela. Podiam manter-se autônomas, donas de suas terras e bens herdados, com plenos direitos para geri-los, podendo participar da vida pública, exercer cargos de chefia e, inclusive, participar ativamente da guerra. As mulheres tinham sua autonomia respeitada e eram tratadas como cidadãs. Esses direitos todos, inerentes à condição do feminino, retratados pela cultura celta, só serão retomados pelas mulheres, na Europa, após a 2º Guerra. No Brasil, essa autonomia começa a instaurar-se coletivamente também no mesmo período pós-guerra. Essa conquista cresceu ao longo dos anos e décadas. No entanto, até o presente momento, ainda não se fez em sua total plenitude.

O feminino repudiado para o mundo das sombras, desprovido de suas características primordiais, mutilado pela dinâmica patriarcal defensiva, reclamou pelo seu espaço e reintegração. Restituir ao feminino sua autonomia, como relatado na lenda de Lady Ragnel, significa reintegrar a Sombra em todos nós e de todos nós, transcendendo a dicotomia das polaridades dissociadas, expressas através das defesas da consciência patriarcal.

A reintegração do feminino, proposta intrínseca da mítica do Graal, expressa na lenda de feitio cristão, apresenta-nos o cálice e a patena como configurações simbólicas do túmulo do Cristo e de sua laje de cobertura. O cálice permanece mantendo o sofrimento da Deusa Mãe, por ser o continente do sangue e suor do Filho amado. O Cristo, emergência simbólica do quarto chacra, prefigura a dinâmica da Alteridade, traz a mensagem de liberdade e igualdade para homens e mulheres, fraternidade entre os povos e misericórdia para com o Outro. Quando o Cristo instituiu o sacramento da Eucaristia, durante a última ceia, ritualizou sua própria morte e renascimento, colocando-se como alimento para o novo ser humano.

Assim, podemos dizer:

Iniciados são todos os crédulos
participantes da comunhão com o Filho.
Iniciados são todos os convidados
para o banquete sagrado.
Quando receberão consentimento
para aquisição do verdadeiro conhecimento.
Iniciados são todos os abençoados
para comer o fruto da árvore proibida.
Iniciados são todos os irmãos em Cristo,
recompondo a fraternidade dos homens,
congregados na Távola para o Ágape Universal.

As representações pictóricas da Última Ceia mostram o Cristo e seus apóstolos assentados em mesa retangular. A mais famosa delas, e talvez modelo das demais, de Leonardo da Vinci, mantém esse padrão. Algumas tradições, porém, atestam ter sido redonda a mesa usada na celebração da Última Ceia; dessa forma, todos se sentiriam irmãos, iguais em direitos e deveres.

Quando da instituição das primitivas igrejas, segundo as descrições, o altar foi instalado no centro do templo, para os fiéis formarem um círculo em torno dele (Mathews, 1989, p. 70 e segs.). O padre celebrava o ofício da missa olhando diretamente para seus fiéis. Com a construção das grandes catedrais, ocorreu uma significativa alteração da forma e da localização do altar, bem como do local reservado aos participantes do rito. Na nova estrutura das catedrais, o padre passou a celebrar a missa voltando-se de frente para o altar e dando as costas ao público. Os ritos ficaram assim confinados, e o conhecimento, simbolicamente, reservado aos sacerdotes. A celebração do sacrifício assumia cada vez mais a qualidade do esotérico. A visão do rito estava negada aos assistentes.

Somente nesses últimos tempos, após o Concílio Vaticano II, a Igreja deliberou sobre a nova posição dos sacerdotes diante de seus fiéis, preconizando a celebração da missa como um rito realizado em comunhão com todos os participantes, iniciados ou não. Dessa forma, *"quem tiver olhos de ver, verá".*

10. O GRAAL E SUAS QUESTÕES

E, SE BEM QUE SEJA OBSCURO / TUDO PELA ESTRADA FORA,

E FALSO, ELE VEM SEGURO,/ E, VENCENDO ESTRADA E MURO,/

CHEGA ONDE EM SONHOS ELA MORA.

Fernando Pessoa: "Eros e Psique"

As lendas do Graal congregam três questões básicas: *a liberdade, a busca e a retomada dos tempos dos primórdios, quando se viveu uma Idade de Ouro.* Os três temas, atuais ainda para nossos dias, fazem do mito um fenômeno simbólico para nossa própria época.

O tema da liberdade, cultuado e discutido nesses últimos trezentos anos e, com mais fervor, no século vinte, inclui os movimentos de libertação das minorias, o resgate das memórias, a liberdade de expressão e de religiosidade, o banimento do trabalho escravo, a libertação do feminino e da mulher, equivalência de salários e direitos de cidadania preservados para todos. O reclamo será pela liberdade de trabalho e usufruto do tempo livre, segundo programação proposta pelo próprio indivíduo. Liberdade para expressar idéias e exprimir-se pela arte. Liberdade de escolhas, opções de credo, sem distinção de raça ou cor de pele. Liberdade de ter os mesmos direitos, cumprindo com os mesmos deveres, ter acesso a cultura e informação e liberdade para ter sua saúde preservada.

O tema liberdade inclui a condição de sermos livres para atualizar nosso potencial e nos tornar o que nascemos para ser; de podermos querer o que queremos e não fazer somente o que supomos querer. Segundo Schopenhauer (in Campbell, 1994), nós podemos fazer o que queremos, mas não podemos querer o que queremos. A afirmação citada parece conter grande incongruência. Entretanto, se cada um se propuser a buscar respostas para as próprias questões formuladas a si mesmo, *poder querer o que realmente se quer* significará conhecer-se, saber sobre a natureza mais íntima de cada um. O querer intrínseco deverá ser a meta da realização e não o querer decorrente de motivações externas sedutoras ou propagandas enganosas veiculadas pela massificação da mídia, a qual coloca supostos quereres em todos. Dessa forma, fazer o que supostamente se quer será muito diferente de poder querer e fazer o que realmente se deseja, ou o que realmente cada um é.

Essa busca incansável de anseio pela plenitude se traduz, cada vez mais, na busca da liberdade, em suas vertentes psicológicas. Em nossa condição sociocultural, as situações de opressão simbólicas e as ditaduras formais têm cada vez menos espaço no mundo. Todos reclamam pela liberdade de transitar, acabando com as fronteiras políticas; liberdade para estudar e adquirir conhecimento, desfrutando do intercâmbio universal; liberdade para freqüentar os ambientes e conviver com seus pares, eliminando as "castas" sociais.

A maior de todas as liberdades reclamada pelo Graal é para a atualização do feminino em sua plenitude, possibilitando que homens e mulheres possam ser o masculino e o feminino. Saber-se com seu feminino e seu masculino, em sendo uma mulher, significa atualizar-se como totalidade ímpar, intrinsecamente diferente de todos os demais seres humanos e, ao mesmo tempo, semelhante aos seus pares. Homens e mulheres são seres com naturezas diferentes, nem melhores nem piores, nem mais ou nem menos inteligentes, mas com características próprias. A questão de Lady Ragnel, respondida por Arthur, é limpa e cristalina: *a condição mais importante para a mulher é ter de volta sua autonomia para ser mulher.*

A segunda questão contida no Graal fala da Busca e traduz todas as formas de alcançar o conhecimento, seja pela ciência ou pelas viagens, procurando por novos caminhos na terra e no espaço, buscando outros mundos no macro e no microcosmo. A busca estará presente no campo desenvolvido pelo conhecimento psicológico, em suas várias formas de compreender o psiquismo e todas suas manifestações; nas formulações dos pressupostos teóricos de todas as psicologias alternativas, profundas, comportamentais, esotéricas ou não; em todas as áreas de pesquisa da física, química, biologia, matemática; a busca de saber-se pela filosofia e pelas várias expressões da arte, busca da preservação da saúde, ou seja, buscar-se e descobrir-se em todos os campos da criação humana.

Os cavaleiros da Távola Redonda buscaram o Graal como todos nós o fazemos até hoje, ou seja, pelo exercício das nossas atividades profissionais, por caminhos pessoais e individuais. Quanto mais individual for, mais competência trará para estarmos e sermos no coletivo. Sendo individual, sua essência será traduzida também pela condição de encontrar-se uma razão pela qual o mundo mantém-se unido, quer em sua manifestação simbólica, quer literal. Cada ser humano passa a saber-se como elemento integrante do universo e nele integrado. A busca será então a eterna procura por encontrar o próprio universo, ou seja, a estrutura única que confere condição da imparidade de cada um.

A terceira temática mítica contida na lenda do Graal fala da retomada ou da reintegração da chamada – em tempos idos – Idade de Ouro, citada em quase todos os mitos de criação da humanidade. O tema traduz um jeito de ser integrado com a natureza, onde o momento vivido é pleno de bem-estar. No mito judaico, a Idade de Ouro é relatada e retratada na vivência do Paraíso, como no mito grego, quando o mundo experimentou a convivência pacífica entre deuses e homens, convivência essa traduzida pela amorosidade, sem cisões e medos, sem as vergonhas e as ameaças de castigo. Na Idade de Ouro, a Grande Deusa regia o Universo, apresentando-se como fonte inexaurível de aconchego e alimento, a par de ser fonte de sabedoria, do prazer lúdico e beatífico. Ao mesmo tempo, o reino da Deusa apresentava-se confuso e assombrado, com tempestades e negritudes, como é do inteiro de sua natureza.

Retomar o mundo dos primórdios, por opção pessoal e aceitação da tarefa, incluirá necessariamente o confronto com a Sombra, o que propiciará a elaboração de símbolos ainda não aceitáveis no campo da consciência, mantidos dela alijados pela idealização defensiva da Idade de Ouro. Confrontar a Sombra configura aceitar o desafio de fazer o mergulho, despertando para a consciência da concomitância de sentimentos amorosos, de honestidade, aliados à amargura e ao desprazer, à canseira e ao temor, à inveja e aos ciúmes. Significa também tomar contato com a realidade de encontrar junto com o rosto da donzela a face horrenda da esfinge. E, assim, todas as faces do feminino, ainda contidas no reino das sombras, haverão de reclamar por integração na consciência, quando da retomada da Idade de Ouro.

Conta a lenda que, nos tempos primordiais, as deusas habitavam os mananciais de águas límpidas: fontes, lagos e nascentes eram seus *locus naturalis*. As deusas regiam as fontes e, quando os peregrinos dirigiam-se a esses locais sagrados para descansar, as divindades femininas se manifestavam, oferecendo a eles alimentos e a água do reconforto e descanso. Essa água era oferecida em cálices. Certo dia um indivíduo violentou a Deusa, roubou-lhe a taça e, desde então, a fonte secou e as deusas recolheram-se para recantos profundos, escondidas dos olhares humanos.

Outro mitologema presente no mito do Graal é o do enfeitiçamento: as donzelas, os castelos e os animais vez ou outra se apresentam enfeitiçados, reclamando a presença do herói transformador, cavaleiro andante e filho do tempo novo, propiciador de mudanças. Tentemos entender o porquê do reclamo por esse personagem mítico.

Erich Neumann (1996, p. 28 e segs.) em seu texto *História da Origem da Consciência*, descreve a emergência egóica, correlacionando o fenômeno com o processo desenvolvido pela humanidade, ao longo dos milênios. Em seus primórdios, o pré-ego apresenta-se tal qual *uma semente embrionária e ainda não desenvolvida da consciência do ego (que) dorme no redondo perfeito e nele desperta*. O redondo perfeito é o dragão primal do princípio que morde a própria cauda, traduzido pela imagem da Serpente Celestial ou da Uroboros.

A descrição mítica segue seu curso e, como produto do inconsciente coletivo, expressa uma sabedoria emergente acima das profundezas da psique, revelando e retratando o fenômeno humano. A humanidade luta para encontrar palavras que exprimam com mais fidelidade o que está em jogo. Na mítica egípcia, relatada por Neumann, a imagem do deus primordial ganha expressão no seguinte relato: *"O coração faz surgir tudo que resulta e a língua repete (exprime) o pensamento do coração (...). Eis o que causa o nascimento de todos os deuses, Atum com a sua Enéade, e toda a asserção divina se manifesta no pensamento do coração e na fala da língua"* (p. 34). (...) *"A transição das imagens para o conceito se torna, nessa formulação do princípio criador, duplamente clara, quando se sabe que, nos hieróglifos, pensamento é escrito com a imagem de coração, e verbo com a de língua"* (p. 34).

Existe o relato de um mito de criação sumeriano, dos tempos primordiais, no qual o homem foi criado em função do desejo da deusa *Namu*. Seus auxiliares recolheram terra dos quatro cantos do mundo, juntaram água das fontes e rios, um pouco de sal e forjaram um boneco de barro. A deusa olhou para sua criatura e deu-lhe o *coração*, fonte das idéias, pensamentos e sentimentos, das sensações e intuições, ou seja, deu à criatura a competência para o conhecimento e tudo quanto é psíquico. *En-Lil*, seu filho, deu à criatura a *vida*, significando a competência para a ação, o ato de fazer, construir e ter movimento (Eliade, 1983, p. 60).

O homem, ao ser criado, recebeu da Deusa a fonte do *conhecimento* como coração, dom divino, facultando-lhe competência para *ser e saber-se* como criatura. Do Deus-filho recebeu a fonte da *vida*, de onde provém a competência para *fazer*, como ação, atividade, animação. A Deusa-Mãe dava ao homem interiorização, reflexão, pensamentos, idéias e prospecção, e o Deus-filho dava fala, expressão, verbo, ação. A Deusa concedia ao ser humano a possibilidade de conceber as idéias com discernimento da escolha, e o Deus-filho a possibilidade da concretização. O dom de conhecer transforma o homem em criador-criatura.

O mito judaico, muito próximo do sumeriano em seus detalhes, conta ter sido o homem criado como um boneco feito do barro dos quatro cantos da terra, misturado à água doce e salgada, e que o Senhor soprou o "pneuma" em sua boca, tornando-o criatura "viva". *Saber* vem da palavra sabor, gosto sentido quando levamos um objeto à boca. Aprendemos a conhecer descobrindo o sabor das coisas. Será que o Senhor, ao soprar o pneuma-espírito na boca do homem, o fez provar o gosto do sabor-conhecimento? Segundo a lenda, da "costela" do homem, Deus criou a mulher e ambos foram colocados no Éden, onde podiam usufruir de todas as regalias. Das duas árvores primordiais existentes no Paraíso – *da vida e do conhecimento* –, proibiu-os de provar da segunda.

Somos levados a pensar ter sido a criatura concebida com pneuma e vida, coração e movimento, com competência para ser e fazer. Esse *"anthropos"* primordial andrógino foi separado em duas partes e, dessa forma, uma questão se impõe: *A justificativa da existência de um homem e de uma mulher se estabeleceu a partir da separação dos dois princípios?*

Se assim for, haveremos de pensar um Criador forjando um *"anthropos"* primordial, ou seja, a unidade, com *coração e vida*, povoada com dois princípios. Ele separou a unidade primordial em duas criaturas – o homem e a mulher –, ambos com masculino e feminino. Por ter soprado pneuma, alma, desejo de ultrapassar a medida, ousar, transgredir, Deus colocou suas criaturas no Paraíso com alma (desejo de transgredir) e com interdições. Podemos pensar que Deus deseja que suas criaturas transgridam para que possam tornar-se concretudes, pois, como princípios são meramente virtualidades. A concretude somente se faz quando os princípios se conjugam: masculino com feminino ou homem com mulher. A atualização do projeto *"anthropos"* ou a humanização desses princípios somente se dará pelo mistério da *coniunctio oppositorum*. Para que o processo aconteça, o Um e o Outro haverão de se desejar, mediante a instauração da demanda da intimidade entre ambos.

Nilton Bonder (2007) define intimidade como a competência para manter a distância entre os parceiros, para que cada um possa reconhecer o Outro. Viver a condição de intimidade implica ter competência para estabelecer o limite na relação amorosa: estar suficientemente perto para desfrutar da companhia, carinho, contato, para sentir a vibração, a emoção que emana do Outro; e estar suficientemente longe para poder perceber o Outro, e não se confundir, nem se fusionar, enxergá-lo, tocá-lo sem devorar, com a plena noção de que o Outro é outro, diferente do Um. Intimidade permite amar e respeitar o Outro apesar das diferenças, grandezas e fragilidades.

O entendimento de que Deus fez a mulher submetida ao homem decorre, certamente, de uma leitura da dinâmica patriarcal defensiva. Ser feita da costela, no meu entender, tem muito mais o sentido de ser a polaridade oposta, ser da costa, como o outro lado. Criou-se um princípio complementar, polar em que ambos formam o *complexo oppositorum*.

Mas o mito continua. Eva, princípio feminino e inerência do conhecimento, deu-se para ser *"conhecida"* por Adão, princípio masculino. Somente assim poderiam conjugar-se para a procriação. O Ego nasce como filho do tempo novo. Juntos, masculino e feminino criam; juntos são a vida e o coração, o fazer e o ser. O ser sem o fazer torna-se alienação.

Pensar o masculino e o feminino separados por Deus, implica pensar a possibilidade de responder à questão fundamental do livre-arbítrio, compreender o processo de individuação pelo referencial da estruturação da identidade. A presença da alma, desejo de se buscar, presente no feminino e no masculino, presente no espermatozóide e no óvulo, traduz a demanda que emerge do *Self*, presente desde todo o sempre como realidade arquetípica, possibilitando a conjunção do feminino e do masculino para juntos criarem o Homem. Pensar assim significa, simbolicamente, ter o *Self* como um equivalente de Deus, que nos fez compostos de masculino e feminino que desejam conviver na intimidade para poderem procriar, fazer-se, realizar-se, tornarem-se humanos. Para traduzirem-se como humanos, é fundamental que o masculino, bem como o feminino, abdique de sua individualidade, para forjarem o *Philius Philosoforum*.

Retomando as instâncias da identidade, anteriormente descritas, quando a identidade do ser estrutura-se com o "outro" como expressão do próprio *Self*, quem dá testemunho de si é o Deus que o criou, ou seja, somente o *Self* poderá ser o pressuposto do homem, pois a demanda por atualizar-se esteve ou está presente no *Self*, desde todo o sempre.

> "E o Pai que me enviou, ele mesmo deu **testemunho** de mim. Vós nunca ouvistes a sua voz nem vistes a sua face (...)" (João 5:37).

A instância da identidade que tem com pressuposto o próprio *Self* e a instância da identidade na qual o Outro advém do que o coletivo espera – e concede o testemunho quando a tarefa é cumprida a contento – conjugam-se em um eterno conflito de opostos. Individuar será manter-se na transcendência dessas polaridades: ser concomitantemente o que pedem as demandas da identidade profunda e as decorrentes do coletivo.

Essa condição aparentemente paradoxal é resolvida quando se compreende que atender à demanda do coletivo decorre da compreensão advinda da instância da identidade profunda que determina: levar para o coletivo o que ele precisa para se transformar. Quando o fenômeno assim ocorre, cada um se transforma em centelha de consciência propiciadora do processo de transformação do coletivo, símbolo estruturante da consciência do novo tempo.

> A consciência a ser realizada ou atualizada deverá ser a mais ampla possível, com o caráter de lucidez profunda, prenhe de sua maior luminosidade, imbuída de competência reflexiva; consciência reflexiva que me faz saber-me mais eu mesma e que concomitantemente compõe consciência do mundo e no mundo; consciência que me faz realidade do mitologema da terra única. Consciência que se estabelece

veiculando conformidades para que outros se tornem conscientes e que, ao mesmo tempo, é decorrente de conformidades estabelecidas por outrem.

Assim, quanto mais consciência estiver estabelecida mais o próprio universo se tornará consciente de si mesmo, interagindo reciprocamente para que cada um se torne mais e mais consciente de si e de sua condição de componente da totalidade. Assim, a luminosidade de consciência de alguns gerará competência para que outros adquiram consciência (Alvarenga & Lima 2003).

Na mítica judaica, o comer a maçã torna-se "motivo" bíblico da expulsão do homem do Paraíso. Dentre os celtas, porém, a maçã é o meio pelo qual se ascende e se faz contato com o outro mundo. *"A maçã apazigua a fome e a sede, e faz parte de sua natureza ser um fruto dispensador da vida e da ciência." "A maçã é um atributo exclusivo das mulheres celtas, porque não são nunca os druidas que as dão aos humanos"* (Barros, 1994, p. 131).

Robert Calasso (1991, p. 13), em seu texto *As bodas de Cadmo e Harmonia*, descreveu o mistério como sendo o fenômeno diante do qual ou pelo qual se tem vergonha. Para o humano relacionar-se com os divinos, estes deveriam estar protegidos pelos véus da hierofania: se assim ocorresse, os segredos não seriam revelados para a consciência e o mistério estaria protegido.

Quando o homem – ego – consciência – humanização nasceu, comendo da árvore do conhecimento, descerraram-se os véus da inconsciência e não houve mais como ocultar de si próprio o desejo de unir-se à outra "metade" apartada de si. Ao comer o fruto da árvore do conhecimento, juntava o feminino com o masculino, o ser com o fazer e, dessa forma, passava a conhecer o bem e o mal. Porém, ao acordar do tempo da inconsciência, o humano passou a perceber, em sua face e na do outro, todas as expressões das realidades subjetivas e, confundido por elas, precisou cobrir-se com as personas protetoras.

O sabor sentido pelo homem, quando provou da árvore do conhecimento, foi de êxtase e, imediatamente após, de grande sofrimento. A *hybris* será sempre um ato de ousadia, de transgressão. Segundo Bonder (1998), a alma representa o sopro divino que leva o homem a transgredir, deixar a condição de ser acomodado. A transgressão torna o ser humano um eterno exilado, enquanto não estabelecer sua própria terra, seu país, sua própria identidade. Somente pelas ousadias, *hybris*, contestações, o homem se torna ímpar, faz "alma", forja identidade centrada na relação consigo mesmo, Eu-Outro, em que o Outro revela sua mais profunda demanda: tornar-se o que nasceu para ser. Quando o homem assim se faz, descobre que o Outro é a expressão do próprio *Self*, ou melhor, a expressão do divino em si. E o divino "quer" o Homem como contestador, pois lhe deu "alma". Assim, podemos entender que ser o que se nasceu para ser significa "liberdade", ou melhor, ser "livre implica escolher Deus" (Alvarenga & Lima, 2003).

O mito judaico de criação do homem revela-se como um rito iniciático. Por falar da concomitância da essência divina e terrena no homem, revela sua natureza mais profunda: ser uma natureza heróica. Humanos são aqueles que vêm do húmus, da terra, e divinos são os que vêm dos súperos, do Olimpo, dos céus, de Deus. Heróis são os que nascem dessa conjunção: humana e divina.

Por que o mito judaico de criação é um rito de passagem?

Os ritos iniciáticos implicam sempre atividades pelas quais o indivíduo atinge uma compreensão nova, um tempo inédito de sua vida, ou um conhecimento de fatos e realidades que até então não lhe fora permitido. A busca do conhecimento constitui-se como demanda arquetípica em todos nós. Buscar-se, procurar saber-se, é realidade imperiosa que a todos impulsiona. Quando falamos de conhecimento, no sentido de sabermos de que grãos somos formados, temos, como decorrência, o fato de que para nos sabermos precisamos do outro, precisamos nos comparar com outros. Tal comparação nos devolve a nós mesmos.

No texto *Concepção Mítico-Simbólico Vida e Morte – Morte e Vida* (Alvarenga, 2006), conhecer é, segundo Kant, em última instância, buscar saber a essência de algo. Para realizar o feito no sentido de conhecer a *coisa* ou o *objeto*, haverá sempre a necessidade de o indivíduo comparar essa *coisa* com seus valores, em um processo de aferição, ou seja, a *coisa*, ou o *objeto*, ou o <u>dado</u>, conjuga-se com um <u>pressuposto</u> do sujeito, sem o que talvez nem se aperceba do *objeto* ou <u>dado</u>.

Dito de outra forma, se não houver um <u>pressuposto</u> do sujeito (referência), o <u>dado</u> se apresenta e não é reconhecido – muitas vezes nem é visto. Quando o <u>pressuposto</u> existe no sujeito, o conhecimento acontece. O autoconhecimento pressupõe um <u>dado</u>, que é, em si, a própria pessoa em busca desse autoconhecimento. Todavia, depende de um <u>pressuposto</u> que é inerência também da própria pessoa.

Se o sujeito perguntar qual o <u>pressuposto</u> que o faz reconhecer-se, saber-se, descobrir-se, só poderá pensar o <u>pressuposto</u> como uma realidade arquetípica, inerente à sua totalidade, portanto realidade do *Self*. O *Self* contém desde sempre o <u>pressuposto</u> de si próprio que o leva a se buscar. E para fazê-lo haverá de transgredir.

Essa condição de <u>pressuposto</u> em busca do <u>dado</u> e do <u>dado</u> que busca o <u>pressuposto</u> se expressa para a consciência sempre como um processo interacional para todo reclamo de conhecimento. Essas realidades simbólicas são expressões do reclamo de conhecimento e estão presentes, como sempre estiveram, na totalidade do *Self*.

Dentre as buscas de comparações, algumas se sobressaem. São aquelas comparações que dizem de tudo quanto temos em comum com o outro, com a humanidade. São vivências, demandas, desejos, sentimentos, expectativas, que muitas vezes supomos serem profundamente individuais, ímpares. O tempo e a vida fazem-nos constatar que essas vivências são parte da condição humana, pertencentes a todos. E, assim, entramos em contato com as realidades do universo coletivo.

A busca do conhecimento conduz necessariamente ao confronto com a finitude. Saber-se humano significa saber-se finito, perecível, mortal. Conquistar o conhecimento será lidar com o limite do que é acessível à consciência.

A instauração de consciência, que nos define como humanos, define também o limite: limite de tempo, limite do conhecer e do que pode ser conhecido, limite do tempo de vida, limite do que pode ser alcançado, almejado, atingido, limite de velocidade, limite de resistência. Tudo que diz respeito ao ser humano implica limite.

Mortalidade e humanidade são realidades inseparáveis da condição de adquirir-se consciência. Assim, a individuação como processo implica também aprender a lidar com o limite do *Eu*, uma vez que o *Outro* passará a compor o centro da consciência em uma condição de *coniunctio*: *Eu-Outro*.

Retomando a condição do conhecer como um processo de interação entre o dado e o pressuposto, a conjunção *Eu-Outro* determina o *Eu* como portador do pressuposto e o *Outro* como sendo o dado; porém, concomitantemente, teremos sempre, da perspectiva do *Outro*, o *Outro* como portador do pressuposto e o *Eu* como sendo o dado. Dessa forma, *Eu* e *Outro* aferem-se como dados de seus pressupostos e devolvem-se um ao outro como conhecimento.

Dentre as realidades que cada qual tem em comum com o *Outro* ou com a humanidade, facilmente se descobre e facilmente se aceita que o *Outro* seja similar ao *Eu*. Se o processo assim se dá, o que se descobre em si passa a traduzir o certo ou a verdade para si mesmo e também para o outro. Nessas aferições, cada qual descobre as paridades, as semelhanças e as identidades decorrentes dos referenciais coletivos, ou seja, o Eu é como o Outro.

O grande problema ocorre quando se constata que o *Outro*, ou seja, o dado, não se conjuga com nenhum dos próprios pressupostos: o *Outro* é um desconhecido, estranho, diferente. E, mais, o *Outro* também vê o *Eu*, sente ou o toma como algo insólito, diferente etc. Esse é o momento em que não se tem irmandade com ninguém, momento em que se é o dado de si mesmo, e o pressuposto é o próprio *Self*. Só ele, *Self*, sabe e pode dar testemunho de si, da própria imparidade, da individualidade. Dessa forma, o processo de individuação passará a ser a possibilidade de conjugar as paridades e as imparidades.

O processo de individuação – como a busca imprescindível do conhecimento de si e do outro – implicará sempre lidar com o limite da vida, do tempo da existência, de vitalidade, da suportabilidade da dor, da fome, da sede, do sono, limite do *Eu*, limite imposto pela constelação do *Outro* no campo da consciência, limite da obtenção de conhecimento. A mesma consciência que nos faz saber dos limites, das finitudes, do perecível, do mortal, do humano, faz-nos também buscar, incansavelmente, tudo quanto é complementar ou a polaridade oposta, ou seja, buscar o ilimitado, o imperecível, o imortal, o divino, o eterno.

O processo de individuação revela-se como a "maldição" de Deus lançada sobre o humano, quando da expulsão de Adão e Eva do Paraíso: Disse também à mulher: *Multiplicarei os sofrimentos de teu parto; darás à luz com dores... E disse ao homem... Maldita seja a terra por tua causa. Tirarás dela com trabalhos penosos o teu sustento todos os dias de tua vida. Comerás o teu pão com o suor do teu rosto, até que voltes à terra de que foste tirado; porque és pó, e pó te hás de tornar.".* Gênesis- 3: 16;17

Ser humano implica sentir a dor: dor da finitude, dor para criar, dor para parir o novo, dor da saudade de nossa contraparte. Essa maldição, entretanto, é o que nos define, nos torna eternos peregrinos em busca do autoconhecimento. Assim, como entender essa demanda, senão como uma realidade intrínseca da própria natureza humana, ou seja, como um fenômeno arquetípico? Essa é a alma que Deus soprou no Homem. Com efeito, buscar saber do oposto, do complementar, da antítese, só pode ser entendido como uma condição arquetípica, contida desde todo o sempre no *Self*.

A busca do conhecimento comporta duas vertentes: a primeira busca o mundo, as relações, a aquisição de informações, a realização de tecnologia; a segunda busca a subjetividade, a introspecção, as questões das razões do existir e do sentido da vida. Esta última vertente de busca se depara, com freqüência, com sentimentos ou vivências subjetivas estranhas, como ter saudade do não vivido, saudade daquilo que não conhecemos.

Talvez a saudade do não conhecido seja uma expressão da própria demanda arquetípica do ainda por se fazer. Essa demanda se traduz, no campo da consciência, como imagens arquetípicas e, algumas vezes, experimentadas como o já vivido, apesar de ser tão-somente uma realidade virtual. E, então, sentimos saudade de uma totalidade que sempre esteve em nós somente como realidade arquetípica, como se a mesma já tivesse sido realidade existencial.

Segundo Mathews (1989, p. 137 e segs.), as versões não-canônicas do mito de criação judaico dizem sobre um Deus Criador que existe desde todo sempre, juntamente com sua consorte *Shekinah*. A partir do momento em que o Criador separou *vida de conhecimento* e repudiou o homem e a mulher, expulsando-os do Paraíso por suas desobediências, *Shekinah* recusou-se a viver na companhia do Criador, separou-se d'Ele e veio para a Terra fazer companhia aos seus filhos.

A leitura católica do mito de criação canônico coloca o Homem como *pecador* e portador de mácula criminosa, reclamante de redenção. O mito apócrifo, por sua vez, fala de uma divindade terrível, condenando o homem por desejar o que é de sua própria natureza. A separação será entre *Vida* e *Conhecimento* e fará do humano um ser em desequilíbrio. Quando o Eu está apartado do centro, o sistema psíquico gera *sombra*, e esse é um fenômeno próprio da instauração da consciência, em sua dinâmica patriarcal.

Outra versão apócrifa do mito fala de a primeira mulher criada, Lilith, não aceitar submeter-se ao jugo do Criador e, por isso, ter sido expulsa como maldita. Jeovah forjou uma segunda mulher, Eva, feita da costela de Adão, ou seja, submetida ao homem, com o princípio feminino subjugado ao masculino. O mito apócrifo desses tempos primordiais relata a existência de um Paraíso, com a árvore da vida e a do conhecimento como eixos do mundo. Esse *axis mundis* era guardado por uma Serpente portadora de um Cálice, sempre oferecido a quantos o buscassem. A fonte da vida e do conhecimento era uma só, sem separações (Mathews, 1989, p. 137 e segs.)

Um dia, a serpente foi morta, sua cabeça cortada e enterrada e o Cálice perdido. Da cabeça enterrada da serpente nasceram os tubérculos ou vegetais usados como alimentos dos homens. A temática será reeditada *a posteriori*, em outros mitos de criação, contando como o corpo de uma jovem donzela foi sacrificado, esquartejado e enterrado, dando origem às raízes usadas como alimentos do homem (Eliade, 1983, p. 58 e segs.).

O centro do mundo permanece velado pela serpente congregadora da *vida e do conhecimento*. Desse eixo partem quatro rios formando quadrantes, irrigando a terra e tornando-a fértil, de produção copiosa.

Na mítica grega (Brandão, 1987, p. 83 e segs.), nascida *in illo tempore*, Piton, a serpente sagrada, filha da Grande Mãe Géia, regia no oráculo de Delfos. Apolo entrou em combate com a Grande Deusa e, após matá-la, enterrou sua cabeça, incorporando o conhecimento mântico, mas servindo-se da violência e rechaçando a Grande Mãe para o reino dos Ínferos. Assim, a separação dos princípios deu-se pelo drama da cisão, primórdio da emergência arquetípica da *sombra*. A instauração de uma dinâmica do Deus Pai, em todas as míticas de origem indo-européia, exprime-se pelos seus mitos de criação, alicerçados na soberania do masculino, relegando o feminino a uma condição de inferioridade ou submissão, ou relegando as Grandes Deusas Mães para a região dos Ínferos.

O mito cristão pela sua vertente patriarcal apresenta o Cristo como cordeiro imolado, purificador dos pecados do mundo, ou seja, o bode expiatório sacrificial redentor das máculas do pecado original.

O Salvador vem para redimir o homem, criatura de Deus, da ofensa causada ao próprio Deus! A cisão, sendo a dissociação entre o coração e o verbo, confirma o Cristo como símbolo da conjunção e com o consentimento para tornar coração-verbo, conhecimento-ação, uma só unidade.

O crime do homem, visto pela leitura simbólica, é um paradoxo, pois pecamos ao nos apropriarmos ou tomarmos consciência de nossa própria essência. O conhecimento roubado e carregado como maldição gerou monstruosidades, reafirmando a dissociação. Dessa forma, o Cristo passa a ser a redenção do divino em cada um de nós, o consentimento para assumirmos o conhecer, vindo do coração, como confirmação da condição de nossa própria humanidade.

A expulsão do Paraíso – ou perda da Idade de Ouro, vivência ancestral-arquetípica carregada por toda humanidade – talvez seja decorrência da condição humana de usar o conhecimento como fonte do poder, dissociado do coração-misericórdia da Deusa. A divindade ofendida foi a Deusa, pois o cálice foi roubado ou perdido e a grande Serpente foi morta, tendo seu corpo separado da cabeça e o coração separado da ação. O Graal é o grande feminino continente do sangue e suor do filho amado. Buscá-lo será conjugar Deus e sua consorte, conhecimento e verbo, coração e ação, preservando porém a autonomia da Deusa. *Assim, o conhecimento terá precedência sobre o verbo, e o coração sobre a ação.*

O mundo dos homens não aceitou a presença-presente do Divino. Mesmo sabendo ser um presente irrecusável, a humanidade não realizou a integração trazida pelo Filho da Redenção; enquanto o repúdio se mantiver, nos manteremos na dissociação sombria. Cristo afirmou: *Eu sou o caminho, a verdade, a vida!*. Buscar o Graal é buscar o caminho para nos tornarmos indivíduos não divididos. É buscar a verdade, o ser genuíno, germe de tudo, o conhecimento profundo. Será também buscar a vida, a ação, o verbo, cumprindo nossa missão: *ite missa est*. Buscar o Graal é buscar a totalidade.

Não aceitar o Cristo é manter o Cálice vazio de alimento, o Túmulo sem o corpo, a Terra sem o germe. Os tempos dissociados da dinâmica patriarcal não podem aceitar o Filho da Salvação nascendo de um homem e uma mulher. Fazem-no filho da Virgem. A mítica judaica decreta a inferioridade e a não-autonomia da Deusa. Ser virgem, na mítica grega, tão proto-indo-européia, quanto na judaica, significa tão-somente não estar submetida ao masculino.

Na lenda de Lady Ragnell, o maior desejo da mulher é ter sua autonomia devolvida por inteiro. A Deusa dividida fica destituída de seus atributos, apresentando-se na mítica judaico-cristã somente como Virgem e Mãe dissociada de Sofia-Sabedoria e de Madalena-Amante. O Cristo, maior mito do tempo da Alteridade, vem para confirmar a redenção do feminino, pregar a integração Eu-Outro, reinstituindo a dinâmica do Coração.

O GRAAL E SUAS QUESTÕES

As responsabilidades inerentes à busca filosófica encontram-se formuladas, desde Kant (in Alvarenga, 1992, p. 114 e segs.), em quatro questões fundamentais:
1. *"Quem sou eu?"*
2. *"Por que estou aqui?"*
3. *"Qual o sentido de minha vida?"*
4. *"Qual é minha responsabilidade diante do Todo?"*

Quando Parsifal encontrou pela primeira vez o castelo do Graal, viu-se diante do Rei Mutilado, assistiu à procissão das sacerdotisas conduzindo o Cálice Sagrado, e não fez a pergunta esperada: "Quem sou eu, que estou fazendo aqui, que tudo isso tem a ver comigo e qual é minha responsabilidade daqui para frente?" Ou a questão deveria ser formulada como: "Quem serve ao Graal?"

A resposta, quando encontrada, devolve ao humano a inteireza de ser. Parsifal não fez a pergunta. Não conseguiu fazer o desejado para fazer tão-somente o que fora orientado para querer. Cumpriu seu dever e, na realidade, não fez o que desejava, traindo seu coração.

11. MERLIN E A BUSCA DA *CONIUNCTIO*

E, INDA TONTO DO QUE HOUVERA / A CABEÇA EM MARESIA, /
ERGUE A MÃO, E ENCONTRA HERA / E VÊ QUE ELE MESMO ERA
A PRINCESA QUE DORMIA.

Fernando Pessoa: "Eros e Psique"

Na lenda do Graal, Merlin é o personagem mais central do mito, representando a totalidade. É o sábio, o tutor de Arthur, por trás dos bastidores, o comandante dos acontecimentos, o visionário do futuro.

Quando Cristo veio à Terra para cumprir o destino de redenção dos homens, diz a lenda, os demônios do inferno não se agradaram com essa situação. Seja porque o número de almas penadas fosse reduzir-se em muito ou ainda porque a vinda do Salvador poderia trazer a redenção da Grande Mãe, do feminino, da mulher. E os demônios ficaram revoltados. A mulher, nesses tempos, era considerada a maior fonte de geração de pecados, forjadores de almas penadas, cujo destino era o inferno. Entende-se, pois, a revolta dos demônios contra Deus. Com a vinda do Messias, Adão e Eva e toda sua descendência estariam livres do fogo abrasador da condenação. Havia, portanto, a necessidade de contrapor a essa figura de redenção mítico-mística do Cristo outra, opositora, tão grande quanto o próprio filho de Deus.

Para forjar o nascimento dessa figura mítica do anticristo, os demônios confabularam por um tempo infernal. Convocaram uma assembléia dos Ínferos, com o intuito de saber quem teria competência para expressar-se através de uma hierofania humana e gerar um filho da Virgem, à imagem e semelhança do ocorrido, quando do nascimento do Cristo. O demônio eleito veio à Terra e, dentre todas as mulheres, foi escolhida uma bela donzela, de grande pureza, total castidade, vivendo sob orientação religiosa do padre Bleise. Como seu mentor, padre Bleise recomendava à sua pupila manter em seus aposentos uma vela sempre acesa, quando fosse dormir, pois a luminosidade sempre foi inimiga do demônio.

Interessante atentar para o número de crianças com medo de escuro e também o número de mães que por manterem a luz acesa, talvez perpetuem o medo ancestral-arquetípico do demônio.

O GRAAL - ARTHUR E SEUS CAVALEIROS

Certa noite, descuidadamente, a jovem esqueceu-se de acender a vela e o demônio, aproveitando-se da situação, penetrou em seu quarto e a fecundou. No dia seguinte, quando se deu conta do ocorrido, lembrou-se de pronto das recomendações de Bleise; procurou-o apavorada, intuindo a desgraça já ocorrida. Padre Bleise farejou os sinais do Sinistro, benzeu sua pupila de todas as formas conhecidas, ritualizou com ela as preces de exorcismo, jogou-lhe água benta em todo corpo e deu-lhe também para beber, conseguindo finalmente, com todo esse ritual, proteger a donzela de futuras presenças do demônio; recomendou-lhe também manter castidade eterna.

A jovem regressou a sua casa, mas tão logo a família descobriu-a grávida, fê-la prisioneira em seu próprio quarto. Quando a comunidade tomou ciência do acontecimento e da gravidez ocorrida de forma "mágica", certamente de origem demoníaca, determinou-se sua prisão em cárcere público, do qual não sairia até ocorrer seu julgamento. A jovem permaneceu na prisão por todo o tempo da gravidez, dando à luz um menino de nome Merlin. Padre Bleise o batizou, mesmo sendo filho do demônio, e passou a cuidar do garoto e de sua mãe.

Quando Merlin estava com um ano e oito meses, sua mãe foi levada a uma assembléia para submeter-se a julgamento, acusada do crime de ter-se submetido à possessão do demônio. A jovem e seu filho apresentaram-se diante dos juizes. Maliciosamente, os acusadores induziram o processo no sentido de condená-la formalmente, invocando a tese de a criança não ter pai conhecido. E o prodígio de Merlin se evidenciou. Com apenas vinte meses, apresentou-se diante dos juizes e defendeu sua mãe. O argumento usado por Merlin foi o fato de o próprio juiz não ter provas de sua própria paternidade. O meirinho, sem argumentos e receoso de o processo voltar-se contra si mesmo, absolveu a mãe de Merlin, e a jovem foi libertada. A família da jovem recusou-se a recebê-la e a seu filho: ambos passaram a residir na casa de Bleise, por longos anos. Merlin apresentou, como era de se esperar, um desenvolvimento prodigioso.

Segundo a lenda, Taliesin[14] teria escrito um poema sobre Merlin, citado por M. L. Von Franz (Jung &Von Franz, 1995, p. 260 e segs.).

---

[14] Taliesin é um personagem mítico nascido da deusa Ceridwen, que o concebeu quando engoliu Gwion Bach, metamorfoseado em grão de trigo. A deusa preparava a poção do conhecimento, em seu caldeirão da sabedoria, para oferecer a seu filho Affagdhu, o qual nascera extremamente feio. Para que o filho pudesse ser honrado e recebido entre os nobres, preparava a poção. Colocou Gwion Bach para mexer o caldeirão por um ano e um dia, e para alimentar o fogo o cego Morsa. Quando o tempo estava por se completar, três gotas atingiram os dedos de Gwion, causando queimadura, com o que Gwion levou os dedos à boca, e nesse momento foi tomado pelo conhecimento do mundo. Sabia, então, que precisaria fugir de Ceridwen. Quando a deusa soube do fatídico incidente, que a levou a perder todo o trabalho de um ano, ficou furiosa e, após castigar Morsa injustamente, passa a perseguir Gwion. O jovem transforma-se em lebre e Ceridwen em um galgo, e outras transformações ocorrem, até que Gwion Bach transforma-se em grão de trigo e a deusa em uma galinha preta, que

"Tive muitas formas antes de atingir a adequada.

Fui a lâmina estreita de uma espada;

Fui uma gota no ar;

Fui uma estrela brilhante;

Fui a palavra de um livro;

Fui o início do livro;

Durante ano e meio fui a luz de uma lanterna;

Fui uma ponte para que se pudesse atravessar sobre rios caudalosos;

Viajei com uma águia;

Fui um barco no mar;

Fui comandante de uma batalha;

Fui a espada na mão de alguém;

Fui um escudo numa luta;

Fui a corda de uma harpa;

Estive encantado durante um ano na espuma da água;

Não há nada que eu não tenha sido".

Outro poema equivalente, tirado do *Book of Cecan* e do *Book of Ballymote*, também citado pela mesma autora, diz:

engole o grão. A deusa engravidou e, após nove luas, pariu uma criança, certamente hipóstase de Gwion. Desejou matá-la, mas não o fez, por conta de sua beleza. Lançou-a ao mar e a criança foi salva por um pescador que, ao olhá-la, exclama "que rosto radiante tem esse garoto". Era portanto um menino e recebeu o nome de Taliesin, ou seja, o de rosto brilhante. Assim, surge o maior dos bardos das lendas galesas (Quintino, 2002, p. 197-217) e (Mabiginon: 2000, v. 264 a 287).

"Sou o vento que sopra sobre o oceano;
Sou a onda;
Sou o murmúrio dos vagalhões;
Sou sete batalhões;
Sou um touro forte;
Sou uma águia sobre a rocha;
Sou um raio de sol;
Sou a mais bela das ervas;
Sou um corajoso javali montes;
Sou um salmão na água;
Sou um lago na planície;
Sou um hábil artista;
Sou um campeão, gigantesco, que brande a espada;
Posso mudar de forma com um deus...".

Voltemos à lenda do mago!

Decorrido algum tempo, Merlin, então com seis ou sete anos, avisou a sua mãe e ao padre Bleise estar próxima a época de deixá-los. Ele sabia que sua vida corria perigo; muitos iriam procurá-lo e tentariam destruí-lo. Antes de partir pediu a Bleise para escrever um longo texto em que relatasse todos os pormenores de seu estranho nascimento e as peripécias pelas quais passara, bem como acrescentasse toda a história da vinda de José de Arimathéia, do Oriente para a Europa. Deveria ainda incluir no relato a descrição da construção das duas Távolas Redondas anteriores e, finalmente, compor um capítulo de todo o percurso e história do Graal e sua vinda para a Britânia. Determinou a Bleise procurar o Castelo Templo do Graal, até então tido como desconhecido e, em lá chegando, localizar um texto sagrado, contendo as descrições fornecidas pelo próprio Cristo a José de Arimathéia sobre os ofícios e ritos da Santa Missa.

Os dois livros, o sagrado e o escrito pelo padre, deveriam ser guardados juntos, mas não deveriam ser divulgados. Insistiu com Bleise sobre os relatos de figuras misteriosas e muitas das coisas contidas nos dois textos deveriam permanecer em segredo, por longa data. Sua revelação haveria de ocorrer quando chegasse o tempo certo. Isso feito, Merlin deixou sua mãe e o padre amigo, seguindo sem destino pelo mundo afora, como andarilho.

Por esse tempo surgiu Vortigen, tido como rei de toda a Bretanha. Mas, por ter assumido o trono de forma ilícita, granjeou muitos inimigos. Resolveu, assim, construir um grande castelo com paredes e muros inexpugnáveis. Escolhido o local, após consultas aos astros, o rei mandou iniciarem a construção das muralhas, mas o inaudito aconteceu. Todo trabalho feito durante o dia e o entardecer era misteriosamente destruído à noite. Pela manhã, não restava pedra sobre pedra.

O rei convocou seus conselheiros e sacerdotes para orientá-lo sobre o inaudito. Porém, todas as artimanhas propostas foram infrutíferas. Cansado da inoperância de seus assessores, chamou um grupo de astrólogos para orientá-lo. Consultadas as estrelas, os magos informaram ao rei haver somente uma forma de destruir o feitiço existente nesse local escolhido. Deveriam misturar à argamassa da construção o sangue de uma criança masculina, filha de mulher virgem e sem pai.

O rei ordenou a busca, e o infeliz Merlin, por preencher os requisitos, passou a ser caçado como vítima sacrificial. Quando os emissários o encontraram e foram prendê-lo, o pequeno sábio disse a eles já saber o porquê de ser procurado. Merlin descreveu todos os motivos causadores de sua caça e afirmou conhecer a sugestão dos astrólogos sobre o uso do sangue de uma criança, filho de virgem e sem pai, para ser misturada à argamassa das paredes do futuro castelo. Os enviados ficaram pasmos diante do conhecimento de Merlin e, ainda mais, quando o menino aceitou segui-los, de boa vontade, a fim de instruir o rei.

Lá chegando, Merlin afirmou a Vortigen, de imediato, que o problema criado com a construção das muralhas não seria resolvido com seu próprio sacrifício, nem com seu sangue misturado à argamassa. Disse mais: "Seus sacerdotes e astrólogos não sabem como resolver a situação, então criam falsas soluções. Digo-lhe, mais Sir Vortigen, Rei de toda a Bretanha, nas profundezas desse terreno existe um grande bolsão de água onde habitam dois dragões, um branco e um vermelho. À noite eles acordam e brigam, fazendo o terreno tremer, desmoronando tudo ao seu redor".

Rei e sacerdotes duvidaram da fala de Merlin, mas diante de sua esperteza e convicção, ordenou-se cavar o local até chegar-se a um bolsão d'água, como o menino previra. O tanque foi esvaziado e os dois dragões apareceram. Ao serem despertados, tornaram-se ferozes, lutando entre si até o dragão branco matar o vermelho, voltando a dormir.

Merlin dirigiu-se ao rei, dizendo-lhe:

–"Agora, Sir Vortigen, vós podereis construir vosso castelo. Entretanto, afirmo-vos: vosso reino será curto, uma vez que o dragão branco representa o herdeiro legítimo desse trono que vós usurpastes. Vós estais representado aqui pelo dragão vermelho; portanto, preparai-vos, pois vosso tempo deverá terminar e logo sereis substituído".

O rei enfurecido com a revelação, determinou a prisão de Merlin, porém o garoto já havia desaparecido, como por encanto.

Assim são os primeiros relatos sobre as atividades públicas de Merlin revelando, dessa forma, o quanto ele tinha o poder da mântica, de prever o futuro e saber do passado: tinha ao mesmo tempo as características prometéicas e epimetéicas. O poder de saber do passado seria herança de seu pai demoníaco e o de prever o futuro, de sua mãe virgem. As pessoas em sua presença tornavam-se vulneráveis. Ele sabia ler nos olhos, nos semblantes, nos gestos. Era o retrato de uma figura intrigante e sua precocidade revelou-se perturbadora. Tinha o poder de mudar de forma, fazendo-se velho, jovem, mendigo e, inclusive, apresentar-se como mulher. Essa maleabilidade o remetia à condição mítica primordial, proteiforme, ligado ao reino da Grande Deusa.

Voltemos a Vortigen. Tão logo seu castelo ficou pronto, passou a lutar contra os irmãos Uther e Pendragon, tidos como legítimos sucessores do trono. Rapidamente Vortigen foi derrotado e assumiu o reino da Bretanha, como primeiro soberano, Sir Pendragon. Após um ano solar, deveria assumir seu irmão, Sir Uther. Pendragon adoeceu e faleceu logo após ter assumido o reino. Uther, seu irmão, passou a reinar com o nome Uther Pendragon, ou seja, Uther cabeça de dragão. O dragão branco e o vermelho em luta são os opostos antagônicos, como o próprio Merlin, configuração das antinomias em busca de conjunção. Na linguagem alquímica, o dragão vermelho é o símbolo do noivo e o dragão branco o símbolo da noiva, e desse casamento arquetípico surgirá o filho do tempo novo.

Na Britânia, desses tempos, vence o branco e a virgem, Bride, Brígita, representação da Deusa, lutando para manter sua primazia, mesmo não havendo conjunção integral da figura masculina com a feminina, no mesmo nível de forças, direitos e autonomia. Quando o masculino emerge sozinho, trará sempre um governo de força, imposição, espada e guerra. Da mesma forma, quando emerge somente o dragão feminino, a noite escura da alma predominará. Não havia ainda a possibilidade da grande *coniunctio*, pela qual Merlin se debaterá ao longo dos tempos.

Fica estranho entendermos um personagem mítico como Merlin, com as características citadas, emergindo em plena Idade Média. Na realidade, tanto Merlin quanto Arthur são personagens ancestrais dos povos celtas, como seus dragões. O Graal e sua temática mítica trarão, de forma incansável, o reclamo pelo resgate do feminino ferido, desejoso de ser colocado no mesmo plano que o masculino, para juntos reinarem.

Todavia, quando reina Arthur, como representante legal do dragão branco, podemos supor que uma de suas tarefas primordiais seja reimplantar o reino da Deusa, conjugado com o exercício do masculino. Os tempos aguardam por: Arthur e sua rainha, o rei casado com a terra, a espada a serviço do cálice.

Arthur é o personagem simbólico que, traduzido por sua identidade profunda, haveria de exercer-se como o herói do novo tempo, fazendo o que o coletivo precisa que ele faça e não fazer o que o coletivo espera e determina que assim aconteça. Arthur, todavia, não conseguiu transcender suas próprias antinomias e permaneceu como o guardião de dever, fazendo, portanto, conforme o coletivo determina, ou seja, sua função de reinar está acima de sua condição de amante da Deusa.

Os textos escritos, emergentes nos séculos XII e XIII d. C. relatavam, no mais das vezes, o reclamo profundo do inconsciente: reclamo por um tempo de conjunção. Os mitos têm essa qualidade ímpar de coagular, em uma só temática, personagens dos mais variados tempos e plasmar em um só corpo tudo quanto concorra para a maior expressividade do fenômeno. Merlin, Arthur e seus cavaleiros, as lendas sobre o amor cortês, as távolas redondas, o Graal e suas mil formas de expressão fundem-se em uma temática mitológica especial.

Uther Pendragon assumiu o reino da toda a Bretanha e convocou Merlin para ser seu conselheiro real. O mago aceitou o encargo. No entanto, avisou sobre seus desaparecimentos periódicos para cuidar de suas realidades outras. Merlin fez Uther saber das histórias de José de Arimathéia e das távolas redondas, contando-lhe sobre o fato de a primeira ter sido entalhada na Palestina e a segunda quando da construção do castelo do Graal. Intimou Uther a construir uma terceira távola redonda, com 50 ou 52 lugares, convocando seus cavaleiros para compô-la. Impôs ao rei Uther Pendragon a função de difundir o cristianismo por toda a região da Bretanha, tomando a si o destino de ser o primeiro rei cristão. Em torno da Távola, haveria de ser construído um grande salão, centro do castelo a ser erguido.

O rei concordou com todos os preceitos do mago, e a região chamada Cardwell, ou Camelot, no território de Gales, foi escolhida para ser o centro da Távola Redonda. Nela, sentar-se-iam os cavaleiros e o rei. Uma ou três cadeiras, chamadas malditas ou perigosas, ficariam vazias. Merlin alertou a todos para não se arvorarem em tomar assento na cadeira perigosa, pois ainda estava para nascer quem iria ocupá-la. Geophrey de Monmouth, em sua *Historia Regum Britanniae* (in Megale, 1988, p. 1), não especifica quem seria o escolhido para tal tarefa. No relato, porém, o desenvolvimento do tema indica de forma mais ou menos explícita ser Parsifal quem iria ocupá-la.

Existem outros relatos sobre a Távola Redonda e a busca do Graal, em que três são as cadeiras perigosas e não só uma. Diz-se ser Lancelot a ocupar a primeira, Parsifal a segunda e a terceira permaneceria vazia ainda por muito mais tempo. Haveria, então, de surgir o mais puro de todos os cavaleiros, Sir Galahad, filho de Lancelot. A competência para ocupar a cadeira perigosa guarda semelhança em todos os relatos. Quem o fizesse deveria ser puro de coração. O porquê de serem 50 ou 52 não encontrou explicação plausível, mas é possível que, em sendo 50 lugares, um deles seria ocupado pelo rei, uma cadeira ficaria vazia e as demais 48 seriam ocupadas pelos cavaleiros, compondo o quádruplo do número dos apóstolos. Em sendo 52 cadeiras, uma seria do rei, três permaneceriam vazias como perigosas e 48 seriam dos cavaleiros.

Merlin não ocupava lugar na Távola Redonda, ficando à parte do grupo e talvez isso se devesse à condição de seu nascimento, por ser ele o representante do anticristo. A cadeira do rei lembrava a do Redentor e a cadeira maldita o assento de Judas Iscariotes. Quando o lugar viesse a ser ocupado pelo puro, o fato ressarciria o mundo do crime da traição cometida por Iscariotes.

A traição é o maior dos crimes da dinâmica do Coração.

Merlin deu todas as informações necessárias ao Rei Uther para exercer seu mandato, a contento e afastou-se. As coisas todas e os fatos deveriam acontecer e as pessoas não deveriam ocupar-se imaginando ser ele o causador de tudo. E seria Merlin o causador de tudo?

Em seu texto *As Brumas de Avalon*, Marion Zimmer Bradley (1989) relata que Igraine, futura mãe de Arthur, casara-se com o Senhor de Tintagel, Duque de Galois. Igraine tinha somente quinze anos quando fora entregue, em casamento, a um homem com o dobro de sua idade, com a finalidade de estabelecer alianças entre os dois mundos. De um lado, o mundo da Deusa, da Ilha de Avalon e, de outro, o mundo cristianizado, de um só Deus.

O casamento de Igraine com o duque determinou seu desligamento brusco do reino da Deusa para inseri-la no reino do patriarcado repressor. Igraine passou a ser tão-somente a esposa do Senhor de Tintagel. Não ama nem se sente amada, mas também não sabe de seu feminino nem dos seus desejos de mulher. Os anos se passaram e Igraine estava "adaptada" ao seu casamento. Já havia concebido uma filha com o duque, de nome Morgana[15-16]. Na época de seu encontro com Uther Pendragon, a menina contava seis anos.

Um grande banquete fora anunciado por Uther, convidando todos os cavaleiros do reino para reunirem-se no castelo de Cardwell, no tempo de Pentecostes. Dentre os convidados estavam o Duque Galois de Tintagel e sua jovem esposa Igraine, no esplendor maior de sua beleza. Tão logo a viu, Uther

---

[15] "Não há nenhuma deusa do amor na mitologia celta. Contudo, existem deusas celtas, como Maeve, Morríghan, que representam amor e guerra, guerra e fertilidade etc. Somos levados a especular se os celtas achavam difícil imaginar o amor sem que este estivesse acompanhado por sangue, riquezas e lágrimas"– Seán Ó Tuama, em *The Lineage of Gaelic Love-Poetry from the Earliest Times* (in *O Livro da Mitologia Celta – vivenciando os deuses e deusas ancestrais*, de Claudio Crow Quintino, p. 115, ed. Hi-Brasil, 2002).

[16] Segundo Claudio Crow Quintino, em seu texto *O Livro da Mitologia Celta* – vivenciando os deuses e deusas ancestrais, p. 115a,ed. Hi-Brasil, 2002, Morríghan, a deusa, incorpora a condição paradoxal dos extremos que caracterizam o pensamento e a filosofia dos celtas. Morríghan representa a guerra e a morte e está associada ao amor. Na lenda, Morgana é identificada como expressão da deusa Morríghan.

apaixonou-se intensamente e a desejou de todas as formas, assediando-a de maneira impertinente. Igraine, hipóstase da Grande Deusa, é tida como uma das irmãs da sacerdotisa da Dama do Lago. Quando foram dormir, Igraine, inocente de tudo, comunicou a seu marido sobre as atitudes do rei. O duque ficou muito furioso e ofendido, decidindo-se por deixar o castelo, com sua esposa, tão logo pela manhã, sem qualquer comunicação oficial. O duque atentara para o assédio de Uther e, tomado pelos ciúmes, advertiu Igraine: *"Não pude suportar você olhando daquela maneira para um homem sensual e devasso, quando para mim só tem olhares de dever e resignação!"*.

Ao saber da partida inesperada dos convidados, Uther também se sentiu ofendido, ignorando por seu lado seu comportamento explícito de sedução. Mandou seus emissários em busca da amada, reclamando o retorno do duque e de toda sua comitiva. Ameaçou a todos dizendo ao duque estar a aliança rompida e seu ducado em desgraça, se não retornasse ao castelo do rei.

Uther convocou Merlin para avisá-lo sobre sua guerra contra Galois de Tintagel. O sábio retrucou dizendo não suportar a estupidez da guerra e a dos homens. O desatino dos homens sempre foi um dos fatos a desencadear a loucura em Merlin e, por várias vezes, o mago retirou-se da convivência humana, indo para a floresta recuperar-se de suas perdas de energia. A luta pelo poder explícito ou pela disputa por uma mulher, segundo Merlin, sempre causou e sempre causaria ruínas.

Alguns dos cavaleiros de Uther aliaram-se ao Duque Galois e lutaram contra o reino; um grande conflito assolou a Britânia. O castelo de Tintagel, porém, fora construído de forma estratégica e dificilmente seria tomado. A guerra se arrastou por longa data, sem vencedor, até Uther conclamar a presença de Merlin, dizendo-lhe enlouquecer se não possuísse Igraine. Para tê-la tudo prometeu e o Velho Sábio "decidiu-se" por ajudá-lo. Havia, porém uma exigência: o filho concebido desse encontro amoroso, entre Uther e Igraine, ser-lhe-ia entregue tão logo a criança nascesse. Uther aceitou o trato sem questioná-lo, pois seu único desejo era Igraine (Aufranc, 1986, p. 127 e segs.) e, para tê-la, empenhou seus princípios, seus valores, a própria vida e, mais que tudo, o futuro de toda a Bretanha, *seu maior dever*.

Necessário se faz tecer considerações acerca da atitude de Uther. Para ter a mulher amada, rompeu com tudo: dever, honra, princípios.

Estaria Uther sob os ditames da Grande Deusa?

Certamente, pois somente nesse contexto poderemos entender a variante da lenda, pertinente à figura de Igraine. Segundo a lenda, tão logo chegou a Tintagel, Igraine foi visitada por Viviane, sua irmã e sacerdotisa da Dama do Lago, e Merlin da Bretanha, tido nessa versão como seu pai.

"Os representantes da Deusa na Terra, do Self em Igraine, falam a respeito do seu destino, do seu processo de individuação. Ela deverá casar-se novamente. Dessa união nascerá um filho que será o Grande Rei que unificará os povos da Bretanha" (Albuquerque, 1989, p. 8).

Igraine sonhava com o amor e entrava na trajetória de colisão com o conflito entre o já estabelecido, Galois, e o novo emergente, símbolo de transformação, representado pela figura de Uther.

Merlin criou um encantamento, mudando a forma física do rei e dando-lhe a configuração do Senhor de Tintagel. Enviou-o pelos caminhos da magia até o inexpugnável castelo, onde seria recebido pelos súditos de Galois e Igraine. Os cães rosnaram, quando de sua chegada, sendo os únicos, além de Morgana, a não se enganarem com as aparências das *personas*. Uther possuiu Igraine e partiu logo em seguida pela madrugada, deixando a futura rainha com o futuro rei concebido. Tão logo deixou o castelo, envolvido em brumas, o corpo do Duque de Galois chegou, trazido por seus soldados, morto em uma emboscada terrível. Igraine, desesperada, chorou sem nada entender.

Com a morte do duque, seu castelo e terras foram tomados. Uther não demorou em apresentar-se diante de Igraine para pedi-la em casamento. A futura rainha aceitou o pedido, solicitando, entretanto respeito pelos ritos fúnebres e o tempo de luto. Igraine comunicou ao rei estar grávida e contou-lhe sobre a noite fatídica da morte de Galois. Um homem, supostamente seu marido, estivera com ela e a fizera grávida. Como entender o ocorrido se o duque estava morrendo naquele momento, segundo pudera depreender contando as horas? Igraine chorava, temendo ter sido possuída pelo próprio demônio. Uther tranqüilizou-a e contou-lhe sobre a presença de um pássaro em uma das janelas, cantando alegremente, enquanto a possuíra. Apresentou-se, pois, como o pai da criança. A mulher se enfureceu com o engodo, apesar de apaixonada, e a Grande Deusa se rejubilou. O destino se cumpria; Igraine estava confusa, mas confirmou seu casamento com Uther.

As bodas aconteceram quando os tempos foram passados, e tão logo se completaram as nove luas grandes, a criança nasceu. Era um menino e Merlin apresentou-se de imediato para levá-lo. Uther quis negociar. Igraine se desesperou, mas o mago estava irredutível. Levou a criança, afirmando ser para o bem dela e para a proteção de todos, inclusive do futuro da Bretanha. Merlin transportou o recém-nascido para o castelo de Sir Hector, dono de pequena propriedade e pai do menino Kay. O pequeno Arthur deveria ser criado por Hector como se fosse filho seu, sob instruções periódicas do mago, devendo receber orientação quanto às regras do cavalheirismo e de boa educação, sem saber, porém, de onde vinha e qual sua origem.

MERLIN E A BUSCA DA *CONIUNCTIO*

A conduta de terem-se filhos adotivos era freqüente na pré-Idade Média, principalmente dentre os celtas. Por várias vezes Merlin, como um mentor especial, voltou às propriedades de Sir Hector para acompanhar o desenvolvimento de Arthur. Ensinou a ele a arte de ler os astros, o uso curativo das plantas, como manejar uma espada, como tocar instrumentos musicais etc. Merlin lembra Quiron e, quando aparece a Arthur, ora vem como jovem, ora como velho, como mendigo ou mestre, ensinando-lhe as várias artes. Arthur cresceu tranqüilo.

Uther morreu em batalha logo depois e a Bretanha ficou sem sucessor, pois ele não tivera outros filhos com Igraine. Um período de grande disputa pelo reino aconteceu e a Bretanha corria o risco de ver-se esfacelada.

Quando Arthur estava com dezesseis anos, Merlin apareceu para Hector anunciando-lhe ser tempo do Natal e sobre as lutas entre os participantes das festividades, na aldeia de Glastonbury, quando então novos cavalheiros iriam apresentar-se para as disputas. Hector deveria comparecer, acompanhado de Kay e Arthur.

As versões sobre o ocorrido quanto a essa data são variadas. O fenômeno ocorrera na manhã do Natal ou no tempo de Pentecostes. O insólito era o aparecimento de uma espada incrustada numa pedra, na frente do templo, e, como dístico a inscrição:

"Quem conseguir retirar a espada da pedra, aqui incrustada, tornar-se-á rei de toda a Bretanha".

Diz uma das versões da lenda que essa espada não era Excalibur, mas sim a espada deixada por Uther Pendragon, quando de sua morte em combate. O que todas as versões concordam é com o fato de ter sido Arthur, o escolhido, e de posse da espada tornou-se rei, fez-se sagrar cavaleiro, prometendo reunificar toda a Bretanha. O poder concedido pela espada parece ter inflado o futuro rei. Arthur passou a lutar contra todos os inimigos ou contra quem quer que a ele se opusesse. Um dia, em uma ponte, defrontou-se com o maior de todos os cavaleiros em bravura: Sir Lancelot du Lac. Na luta travada, sua espada se quebrou e Arthur confessou-se culpado. Então, das águas do lago, circundantes da Ilha de Avalon, terra da Grande Senhora de Avalon, ou Dama do Lago, emergiu *Excalibur*.

Voltemos, entretanto, às festas do Natal. Quando Arthur retirou a espada, conta a lenda, nem todos os cavalheiros do reino, pretendentes ao trono, estavam presentes. Ficou então combinado reunirem-se novamente no tempo da Páscoa, para que todos pudessem competir. Arthur foi o único a conseguir manter o feito. Retirou a espada da pedra tantas vezes quantas lhe foram exigidas. Nem um dos demais conseguiu retirar a espada da pedra. Nos tempos de Pentecostes, Arthur foi aclamado e consagrado rei de toda Bretanha, legítimo sucessor de Uther Pendragon. Merlin tornou-se conselheiro de Arthur, como o fora de Uther. O mago sempre estava por trás e além dos acontecimentos. Merlin, como Velho Sábio, sabia, orientava, tramava e fazia reis.

Quando Arthur se apaixonou por Guenívere, Merlin perguntou-lhe se não poderia casar-se com outra. "Não", foi a resposta do jovem rei, e os tempos cumprir-se-iam segundo prenunciara Merlin, antevendo o futuro. "Serás traído pelo maior de seus amigos". Mas Arthur já não o ouvia: "Sim, terás um filho" e Arthur alegrou-se com a notícia, sem atentar para o complemento – "mas não lhe trará felicidade".

Merlin é a encarnação da divindade com maior proximidade da natureza. Por ter origem demoníaca e humana, representa também o mais inconsciente do humano. O homem tendo sido criado do barro da terra e do sopro divino tem a natureza da Terra e a natureza do Céu. Merlin, por sua vez, carrega em si mesmo, de forma explícita, a conjunção dessas antinomias, atualizando em si o terreno e o divino. Sendo a conjugação de polaridades e oposições, realiza prodígios. No entanto, para conseguir essa conjunção, Merlin por várias vezes enlouqueceu.

O sábio representa, simbolicamente, a busca dessa harmonia. Merlin tem natureza semelhante a do próprio Cristo: divina e terrena, mortal e imortal, Deus e Homem. Dessa forma, Merlin é também uma expressão do Graal e, ao mesmo tempo, a busca do Cálice. Ele é a sede do conhecimento, do querer e saber incessantes. Integra em si realidades mais e mais humanizadas, por terem sido estruturadas segundo o processo de saber-se pelo coração. Somente o conhecimento advindo do coração, permeado pelo quarto chacra, como diz Campbell, forjará homens.

Os primeiros momentos do desenvolvimento do ser humano dizem respeito aos três chacras: comer, reproduzir e ter o poder, coincidindo com sua natureza animal e terrena. O quarto chacra traz a atualização do dom do coração, da misericórdia, herança maior da Grande Deusa. O *coração*, como sabemos, foi o presente da Deusa, sendo o *verbo-vida* presente do Filho. Essas duas naturezas, em si mesmas antagônicas, dualidades na mesma criatura, reclamam pela *coniunctio*.

Através dessa interação criativa o equilíbrio nasce. Merlin é o representante simbólico arquetípico dessa possibilidade, expressão do "eu superior", regência do *Self*, criatura transcendente do reino do inconsciente, fonte de conhecimento do mundo. Para encontrar Merlin em nós mesmos, fazem-se necessários o mergulho e o confronto com a *sombra* demoníaca. No reino do inconsciente estão nossas maiores preciosidades. O Mago sonha e lê seus próprios sonhos, intui e ouve as mensagens das estrelas, antevendo o futuro.

Merlin é um mestre do tempo!

Jung (1962), em seu texto *Um Mito Moderno*, faz o relato de sonhos de pacientes, com sangue, guerra, destruição. De posse desses dados, anteviu, no final da década de 30, a 2º Guerra Mundial. Jung localizou nos sonhos de seus pacientes a ameaça de algo assustadoramente terrível emergindo da instância do inconsciente coletivo.

Merlin, como Jung, mestre do tempo, tinha a competência para mergulhar no universo do inconsciente e trazer de lá o conhecimento do mundo. Periodicamente, deixava a convivência social, retirando-se para a floresta, pois o contato com muita gente, discussões e disputas perturbavam-no terrivelmente e em tal intensidade que se sentia enlouquecer.

Merlin tinha uma irmã de nome Ganiedda, segundo a lenda, sempre ocupada com o bem-estar do mago, quando este fazia seus retiros. Cabia a ela acalmá-lo e apaziguar seu espírito, servindo-se para isso da música como uma das formas de apascentar Merlin, em seus estados alterados. Existe a referência de Merlin ter-se casado e, no relato de um de seus retiros, anteviu a situação de estar sendo traído por sua esposa. Merlin sentiu-se enlouquecer. Dirigiu-se, então, à cidade e tomou uma cabeça de gamo, usando-a como um capacete. Chegou à casa de sua mulher, acompanhado de grande manada de cervos, chamou o amante e atirou nele a cabeça do veado, arrebentando-lhe o crânio. Em seguida, retornou à floresta, em estado de transe.

Essa passagem do mito retrata Merlin como uma hipóstase do deus Cernunos: uma de suas representações hierofânicas era a figura do gamo. Merlin não admitia sua esposa com outros companheiros. Ele a deixava, mas, como representante da Deusa, deveria aguardá-lo. Era como se o Deus dissesse à Deusa: *"Não há como ter outros companheiros, pois nós nos pertencemos"*.

Estava o Velho Sábio recolhido na floresta, diz a lenda, e dormitou por várias noites em um mesmo sítio: surgiu nesse local uma fonte de águas cristalinas. Merlin, bebendo dessa água, curou-se de sua própria loucura. O mago foi, a partir de então, procurado por um doente mental, em busca de ajuda. Merlin deu-lhe de beber da água dessa fonte e o jovem também se curou. No inverno, Merlin retornou à casa da irmã à procura de alimentos. Ganiedda se propôs a construir para o irmão uma casa na floresta, em lugar de sua escolha. A casa teria setenta portas e setenta janelas, voltadas para todos os lados, para que se pudesse fazer a leitura dos astros. Depois de construída, para lá foram o mago, Ganiedda, o louco curado e um novo personagem, chamado Taliesin. Os quatro passaram a viver na floresta, por longa data e em profunda harmonia: Taliesin deixou suas pesquisas, escritas e poemas; Ganiedda abandonou a procura de um grande amor; o louco deixou de ser louco, porém ouviu o conselho de Merlin: *"deveria continuar o confronto interior, já iniciado"*. Merlin dizia-lhe que, por ter começado o confronto, o jovem enlouquecera e por ter enlouquecido perdera grande tempo de sua vida. Assim, deveria reclamar a Deus o tempo perdido em uma loucura improdutiva.

Quando Merlin estava na floresta, afastado do convívio com os humanos, poderia estar expressando a dificuldade de manter o confronto do Eu, da consciência, com os símbolos emergentes. Talvez Merlin, como expressão simbólica, se mantivesse afastado do mundo, traduzindo o temor ao desenvolvimento que ele mesmo representava. Sendo ele a possibilidade de transformação do mundo, tornava-se, ao mesmo tempo, o medo de esse desenvolvimento se fazer. Sendo a personificação mítica do confronto e da conjunção das antinomias, receava a emergência de realidades transformadoras acontecendo em um tempo em que somente uma das polaridades da nova dimensão estivesse estruturada. Merlin seria, simbolicamente, o elementar arquetípico regente do padrão da Alteridade e, por isso mesmo, talvez temesse a explicitação da *sombra* dessa dinâmica atualizada através de sua pessoa. Dito de outra, Merlin é a possibilidade de transformação e a defesa para que o processo não ocorra.

Merlin surgiu como figura de congregação, forjou reis, orientou Uther, tutelou Arthur e depois o próprio Parsifal. Sua existência permaneceu como a busca da conjunção do masculino com o feminino, da luz com as sombras, da consciência com o inconsciente. Como símbolo da conjunção, trazia a possibilidade de atualizar a consciência do *alter do cordis*. Representava, ao mesmo tempo, a consciência do tempo do mistério, dos símbolos que precisavam ser velados e manterem-se escondidos.

Eis o paradoxo! Ao retirar-se para a floresta, representava a antinomia do saber reclamante por ser, do desejar-se estruturado e expresso como realidade atualizada e, ao mesmo tempo, permanecer recolhido e temeroso de um desenvolvimento polarizado da consciência, em uma só direção, dissociado da totalidade. Toda tecnologia advinda de um padrão dissociado de consciência leva à destruição, como se pode ver na descoberta e uso da energia atômica.

Merlin representava o desejo de ser e o ser atualizado, o conteúdo e o próprio Cálice, a busca e o objeto procurado. Quando se retirava para a floresta, o Velho Sábio esperava os personagens, futuros componentes do tempo de transformação, prepararem-se para o vir-a-ser. Não adianta um só conseguir, mas, antes, é necessário humanizar e individualizar o coletivo. Era preciso que todos mergulhassem em busca do confronto com a *sombra*, com as dissociações existenciais, mesmo correndo o risco do enlouquecimento, ou retomassem a consciência, fazendo mau uso das descobertas encontradas. O reino do inconsciente, ao ser penetrado, exige do explorador acima de tudo ética, para conduzir-se a contento.

Esse é o problema com o qual todo analista se depara quando se descobre podendo usar abusivamente o poder. Não é só o mergulho e o trabalho com o inconsciente, mas, antes de tudo, o que fazer com o conhecimento integrado e o proveito tirado. De outra forma, a quarta questão de Kant, quando se apresenta, questiona todos quanto à responsabilidade diante do todo descortinado. Merlin dizia não bastar o confronto, mas era necessário um retorno criativo. E quando vamos para o confronto com o inconsciente, não há como retornar sem as transformações. Passamos a ser diferentes do que éramos e a modificação transformadora ocorrida só poderá ser comunicada a outros iniciados.

O uso que podemos fazer das descobertas é perigoso e cruel. Atuar sombriamente a relação de alteridade é como usar energia atômica como bomba. Confrontar a *sombra* significará, entre outras coisas, a redenção do feminino e quando o dragão vermelho se casar com o dragão branco o filho do tempo novo será concebido.

Nos séculos XII e XIII d. C., quando as lendas tornaram-se escritas e passaram a falar dos cavaleiros da Távola Redonda, da busca do Graal, de Arthur e de Merlin, sincronicamente aumentou o volume de literatura emergente sobre o Velho Sábio, ligando-o à alquimia. No processo alquímico, o mago é tido como o veículo da grande transformação da matéria. Merlin é equiparado ao mercúrio alquímico, simbólico que se liga aos demais metais, estando na companhia dos "bons" e dos "maus", sendo fluido e fugidio, conjugando e separando. Merlin-Mercúrio é jocoso e brincalhão, festivo e misterioso, estando associado à figura mítica arquetípica do Trickster. Representava também a complementação de um fenômeno coletivo de estagnação da criatividade, pelo qual a humanidade passava.

O surgimento do Trickster traz a modificação, o novo, faz rir o que se apresenta triste. O mago possui também o dom de ser a relatividade do tempo. Mago, mercúrio, demônio, o Velho Sábio, figura arquetípica, orientava e assessorava Parsifal, indeciso de sua missão, dizendo-lhe: *"O peso da sua busca sou eu! Ao mesmo tempo eu o carrego e sou o seu fardo"*. Essa frase paradoxal contém a *consignia*: ser o objeto da busca e a busca de si mesmo, através de outro. Podemos dizer, Merlin é o Graal e sua própria busca, ou a própria configuração da totalidade.

O mito do Graal é grandioso, mas não totalmente inteligível até hoje. Pelo fascínio que causou e causa, pelos personagens que encerra e, mais, pela figura de Merlin, continua sendo um enigma, não desvendado, fascinante por natureza e que nos remete a incontáveis associações. Ainda é uma lenda que tem riqueza de conteúdos não compreendidos em sua totalidade.

12. A IMPORTÂNCIA DO HERÓI NA ESTRUTURAÇÃO DO PSIQUISMO

O HERÓI É O QUE ESTÁ IMUTAVELMENTE CENTRADO.
Joseph Campbell

A emergência do herói é o pressuposto necessário para desencadear a saída do Ego do mundo endogâmico conhecido, tranqüilo, acolhedor, que durante milênios gestou a identidade corporal do ser humano para, então, poder enfrentar o mundo da exogamia, O Ego precisa de coragem para enfrentar os desafios dos novos tempos da consciência.

A busca da singularidade, da imparidade, da individualidade, gesta o herói. Na busca da identidade psíquica, só viável pela interação exogâmica, o herói apresenta-se como personagem primordial. Aquilo que só o herói faz torna-se aquilo que o indivíduo é. Primeiro fazemos para saber que somos o que fazemos. E, a partir desse momento, não é mais o divino traduzindo-se através do fazer, mas, sim, o saber-se sendo através da obra.

O herói rege e conduz a transformação da consciência por meio das complexidades do processo reflexivo da mentação. O herói interliga culturas e gesta civilizações, eliminando seus impedimentos. Integra a divindade, para torná-la humanizada em si mesmo, como indivíduo. Após fazer-se conhecer pela façanha pessoal, o herói descobre nela seu nome secreto: nome só seu, o qual deverá ser guardado como mistério. O nome é o ser individual, é a tradução de sua natureza mais íntima. Conhecer o nome é ter poder sobre a criatura.

A busca da singularidade vem com o traduzir-se por um nome próprio, nome só seu e definição de natureza mais íntima e própria de sua individualidade. A busca dessa qualidade conjuga-se miticamente com a emergência do herói. Esse é o fenômeno de como o herói passa a ser a tradução da criação mental, traduzida pela condição de ultrapassar o interdito, a medida, e diferenciar-se do coletivo.

O herói se define pela façanha executada. Herói e façanha, façanha e herói se fundem, gerando um nome próprio, tradução de sua natureza. No nome do herói reside sua força e seu esplendor. É o personagem primordial que faz e, mais, faz o que somente ele pode fazer. É, portanto, a possibilidade de o ser humano tornar-se pessoa singular, fazer-se como indivíduo e traduzir-se como imparidade.

O que o herói faz passa a ser o que indivíduo é.

O herói, ao viabilizar a consciência de o humano saber-se fazendo, criando, transforma o mundo. O ser humano como agente da ação descobre que o que faz é aquilo que traduz sua natureza mais própria.

O herói define o humano como *ação*. A ação passa a ser o homem. A consciência de si e a individualidade do eu ampliam-se com a conjunção da criação: o homem, ao assumir o ser, revela-se como a ação, a obra, a poesia, a música, o texto, a fala, o sentimento sentido, o desejo que vibra. O humano passa a ser aquilo que sente, pensa, deseja, cria, faz.

O herói sabe, porque sempre soube, qual a façanha que deverá executar; já nasce com o seu saber destino. Seu caminhar para a gesta heróica será sempre o reclamo arquetípico pelo buscar seu nome, sua identidade própria.

Herói é o que faz, não manda fazer.

Não há como servir-se do herói do outro para cumprir nossas próprias missões. Se assim o fizermos, continuaremos sendo filhos do pai-herói, amigo do amigo-herói etc. A busca de si, como momento de transformação da própria natureza do ser, traduz uma imanência arquetípica: quando manifesta, eclode disruptivamente, atropelando o eu, assumindo o comando da consciência e agindo como complexo constelado. A constelação ativa do complexo heróico comandará o espetáculo da vida, causando eternamente o fascínio tanto sobre o coletivo, como sobre o pessoal: a emergência do herói trará sempre a possibilidade de transformação do mundo.

A figura heróica, na mítica dos povos, sempre traduziu tempos de conquistas. O herói, em um contexto sistêmico, retrata um movimento universal de buscar o novo, o diferente. Assim será o herói nas dinâmicas matriarcal, patriarcal e de alteridade, dinâmica do Coração. No sentido histórico, o herói rompe com a dinâmica matriarcal para dar abertura aos tempos do patriarcado, revelando-se por meio do desejo de ter o que o outro tem de diferente: sementes, animais, preciosidades, gemas, adornos, técnicas etc.

O processo de fundamentação do conhecimento de si emerge com o herói. *O desejo vem dos olhos* e faz o humano buscar, tomar, conquistar, incorporar, assimilar o outro. O novo a ser assimilado só o será

A IMPORTÂNCIA DO HERÓI NA ESTRUTURAÇÃO DO PSIQUISMO

pela condição estrutural arquetípica reclamante de mobilizações que vem do Outro e por meio do Outro. O processo de assimilação se assenta e se "acomoda", forjando complexidades sistêmicas, e um novo padrão de consciência emerge. A assimilação gera conflitos e "engasgos" dolorosos, em face da desconhecida transformação anunciada.

O reclamo inerente da transformação, já presente em sua natureza matricial arquetípica, vence a barreira da oposição entre o permanecer na endogamia e o exercer-se pelo exogâmico. O herói anuncia o patriarcado e é a tradução simbólica do momento da alma do ser humano, da natureza dos povos, da humanidade, em busca de novos caminhos.

O coletivo identificado com seu herói correrá junto nas pistas, desafiará as alturas, combaterá as monstruosidades, atravessará oceanos em busca de terras novas. O coletivo desfilará junto com o herói, com bandeiras nas costas, como torcida organizada. O coletivo vibrará quando o herói receber a medalha.

O eu, também fascinado com a emergência heróica, ficará deslumbrado com a glorificação esperada. Porém, à noite, quando o herói adormece dentro da alma, usufruindo do repouso merecido do guerreiro que é, o eu velará e descobrirá o quanto "comprometeu-se" em fazer coisas "impossíveis" e o desespero virá.

O eu "dentro" do corpo irá dobrar-se e encolher-se sobre si mesmo, tentando diminuir o espaço ocupado pela "ufanice" do herói. O eu enrodilhado esconderá o rosto entre as pernas fletidas, segurando a cabeça com as próprias mãos para não se perder com os desafios do herói. O pranto silencioso, no escuro do quarto, povoará sua noite e o atormentará o desejo de ter um colo para segurá-lo e não deixá-lo partir.

É missão do herói desbravar mundos novos, combater monstruosidades, substituir o rei infértil, remover as estagnações das degenerescências do crescimento; é missão do herói buscar sempre a renovação através de novas sementes. O nascimento do herói traduz a consciência da natureza plural do homem, como produto de uma conjunção interativa e não mais de um corpo povoado por divindades.

O herói é o momento ímpar em que o Si-mesmo divino parteja-se a si próprio como criatura parida. O humano passa a saber-se humano, adquirindo consciência de si, e ao fazê-lo descobre-se como criatura criada do casamento da Deusa-Terra (*humus*) com o Divino-Luminoso do Céu. O homem é sombra e luminosidade. Como criatura criada do interlúdio do divino celeste urânico com o humus da Deusa Terra Mãe, surgirá como herói anunciando tempos novos.

Cada herói é um ímpar e, como tal, tradução da sabedoria sistêmica reclamante do estabelecimento da consciência e identidade psíquicas.

As tarefas se farão por si mesmas, pelo confronto com a morte, sem a qual o eu, pelo trabalho do herói, não poderá emergir para o tempo novo da consciência. O coletivo incita o herói e cobra dele o cumprimento das tarefas, sem o que a consciência coletiva não poderá se renovar.

Atualizar consciência psíquica é etapa primordial do processo de humanização. A consciência da humanidade é o homem e a mulher sabendo-se como homem e mulher; quando ambos assumem a postura vertical, organizam o espaço a sua volta e fazem-se como centro do mundo e referencial da relação que estabelecem com o Universo.

Nos primórdios, a experiência da efemeridade da vida e o tempo de sua duração, traduzidos pelo interregno entre um corpo pulsátil, vibrante, em contrapartida ao molambo arrastado, inerte da morte, fez o homem pensar: o divino permeou e povoou aquele corpo para de repente deixá-lo.

O sangue que se esvai é a divindade que deixa o corpo. O movimento do tórax, que num relance tornou-se estanque, expulsou o divino da carne. O olho embaçado se carrega da morte. Até então, o humano só se soube como corpo povoado por um divino que a qualquer instante podia abandoná-lo.

Ser humano é movimentar-se, respirar, vibrar, comunicar, agir. O corpo não é o homem, porém o homem é também corpo. Saber-se vivo e ser vivo será sempre um ato de coragem heróica. Configurará por toda a eternidade a luta travada com os deuses e demônios que somos, para que não nos abandonem.

A identidade do eu se define e se forja pelo corpo, porém o homem não é somente corpo. A imparidade do eu se forja e se define pela mente, pelo conhecer-se. O herói será então essa figura mítica forjadora da imparidade e da possibilidade de humanização, por meio da atualização de padrões de consciência cada vez mais complexos.

Já dissemos que a emergência heróica segue junto com a busca da identidade psíquica; é necessário que o eu se saiba para que o seu agir e a sua ação sejam identidade de si-mesmo.

Como então caracterizar a função do herói no estabelecimento da imparidade psíquica do homem, bem como a função da heroína no estabelecimento da imparidade psíquica da mulher?

A consciência corporal, para estabelecer-se no humano, precisou de milênios e em cada ser humano e por toda a eternidade continuará requerendo anos de estruturação.

No estabelecimento da identidade corporal, inegavelmente os papéis do homem e da mulher são diferentes.

O atributo do homem é fecundar. À imagem e semelhança do raio mítico de Zeus, a participação do homem é penetrante e instantânea.

O atributo da mulher é selecionar o espermatozóide, acolhendo-o como fecundante, gestando por meses a fio, parindo ativamente, aleitando, aninhando, coordenando posturas, transformando e adequando os alimentos para o novo ser. Quando a mulher atinge sua maturidade corporal endogâmica, no seio da família-tribo, irá desejar o macho fecundador. O desejo que vem dos olhos fará a mulher olhar para o herói, que virá anunciando o tempo novo.

A IMPORTÂNCIA DO HERÓI NA ESTRUTURAÇÃO DO PSIQUISMO

A mulher, mantida em sua condição endogâmica pelo dragão do devoramento, símbolo do impedimento da renovação, acolherá o herói. A mulher heroína não mata o dragão, mas ensinará o herói como fazê-lo.

A mulher heroína, acolhendo amorosamente o herói e ensinando-o como matar o dragão e sair do labirinto, trairá sua tribo e sua família, afastando-se da manutenção do endogâmico. O desejo da mulher-heroína pelo herói emergente será maior que sua fidelidade à tribo. Manter-se na tribo significará manter o poder da Deusa devoradora, que rege o processo do tempo endogâmico, já então incestuoso.

Trair seu povo, sua tribo, sua família, faz a mulher heroína abdicar, por opção, do poder de reinar. O poder de reinar passa a ser reclamo do herói mítico.

Herói e façanha se confundem e são recíprocos. A gesta heróica mítica antecipa simbolicamente as inúmeras tentativas / derrotas do herói emergente. O coletivo o manterá vivo através das lendas e mitos. Suas façanhas e derrotas continuarão, pelos séculos e milênios, sendo contadas e reeditadas em todos os tempos e em cada ser humano. O sistema manterá o herói por toda eternidade, até o fim dos dias. Sua tarefa ainda não se cumpriu. A imparidade ainda não se fez. A consciência psíquica ainda não é atributo do coletivo.

A mulher heroína rende-se então à natureza sistêmica para perpetuar a espécie; abdica do poder do aparentemente reinar e manter o endogâmico e do aparentemente escolher para render-se ao amor e eleger seu eleito; apresenta-se como aquela que foi escolhida. A natureza a faz assumir-se como gestadora e ela rende-se ao poder maior do sistema. A rendição da mulher heroína não é, entretanto, ao "homem-herói", mas, sim, ao sistema.

Há como que uma índole introvertida da mulher que norteará o processo do estabelecimento de sua identidade psíquica, coincidente com o tempo em que gestará a identidade corporal da prole, mantendo a espécie. Por outro lado, há como que uma índole extrovertida que norteará o processo de estabelecimento da identidade psíquica no homem. Esta virá como emergência disruptiva, explosiva, extroversa, desferindo raios, conquistando terras, matando dragões, viajando por mares desconhecidos.

A sabedoria do sistema faz com que a mulher saiba que, após longos anos em que estabeleceu sua identidade corporal, desde seu nascimento até a adolescência, haverá de gestar a identidade corporal da espécie, cumprindo sua função sistêmica. Concomitantemente, gestará sua identidade psíquica no recôndito da introversão inconsciente.

Por outro lado, o homem-herói, como o semeador de civilizações, descobrirá sua imparidade através das façanhas extroversas, que executa como inseminador de mutações. Ao retornar para seu povo, virá transformado pela aquisição de um nome próprio. O herói prenhe de desejos, pelo novo que o inseminou, parirá seus filhos psíquicos, as civilizações, as obras, fundará as cidades, transmitirá e redescobrirá o Mistério.

Herói e heroína são protagonistas da história, os quais transformam o endogâmico devorador em exogamia criativa. Homens e mulheres, como protagonistas da história, carregam-se das responsabilidades inerentes à aquisição da identidade psíquica, concebendo e gestando e dando parimento aos filhos, conceitos, idéias, arte, ciência.

O herói é o que vai não só em busca do novo – seja da semente, da técnica, da informação –, como também em busca da mulher de uma tribo diferente da sua. O herói é a configuração do desejo de buscar o novo.

A heroína é a que acolhe o novo, o herói, protegendo-o para que conquiste a informação, a técnica, e lhe traga a nova semente. A heroína é a configuração do desejo de proteger o novo adquirido. À heroína compete ter misericórdia.

A palavra misericórdia, pela sua etimologia, decorre de *mis*, ausência de, *eris*, metal, riqueza, e *córdia*, de coração, *cordis*, afeto, grão. Ter misericórdia é acolher amorosamente aquele que não tem nem recursos, nem energia.

A heroína acolhe com misericórdia o herói que vem disruptivamente em busca do novo, da riqueza, sem saber como irá executar sua tarefa. O herói somente sabe que tem uma tarefa a executar, nasce sabendo qual é seu trabalho a cumprir. A execução da tarefa, entretanto, far-se-á sempre pela conjugação com a heroína que o acolhe.

O filho concebido da interação da heroína com o herói não pertencerá mais à tribo, nem à mãe nem ao pai. Será o filho do tempo novo da consciência psíquica, concebido, gestado e parido para ser e ter identidade própria.

O filho heróico do tempo novo, concebido pelo herói-heroína, lutará então por nova mudança: o estabelecimento da consciência reflexiva que permitirá a cada um desejar o diferente, através do contacto interativo, sem precisar do devoramento para integrá-lo.

Assim, poderemos entender o herói que anuncia os tempos de alteridade, relatado e retratado no ciclo arturiano.

A consciência psíquica, em sua condição reflexiva, sendo produto composto de uma disposição inata de reclamo pelo novo, deverá ser acolhida, aninhada e mantida para poder se fortalecer. A consciência psíquica, tradução da individualidade da alma, reclamará que seja cuidada com o respeito irrestrito às suas próprias imparidades.

A IMPORTÂNCIA DO HERÓI NA ESTRUTURAÇÃO DO PSIQUISMO

O novo, para manter-se ímpar, reclamará espaço para sua própria expressão. Em sendo nascituro, frágil, sofrerá ameaças devastadoras das várias formas de prepotência e devoramento que reconduzirão o novo às estagnações do conservadorismo e às acomodações da alma.

A mítica do herói carregar-se-á assim de ensinamentos, quando falar da glória e do esplendor do divino, fundidos magicamente com a sombra e o embaçamento da mortalidade, que criam o herói mentador. A mentação é a fenomênica mítica forjada e concebida da imortalidade do divino com a efemeridade do corpo, traduzindo simbolicamente a condição de quem é o **ser humano** e de que ele é capaz.

O herói mentação-mentador transforma a humanidade em homens e mulheres ímpares. Falar de heróis-heroínas é contar histórias de nossas próprias vidas. Entretanto, é necessário contá-las de incontáveis formas, com todas as variações possíveis, retratando as inumeráveis gestas, tradução da busca da consciência psíquica reflexiva que possibilita a inter-relação Eu-Outro como centro da consciência.

O herói permeia a vida preenchendo-a de sentido: em si mesmo o herói é o próprio buscar-se. O herói não é a meta, mas a dinâmica do processo da busca incessante. Falar do herói é dizer do que cada um tem de esplendor radiante e único, quando se busca.

E aí reside o fascínio do coletivo quando o herói desponta. A glória do divino repousa no que o herói tem de imutável e eterno. A efemeridade do humano dá-lhe um destino. O destino humano será cumprido através do que o herói tem de divino e eterno.

A realidade das ações, das gestas heróicas em cada um de nós, aparentemente isoladas, parece obedecer, entretanto, a uma espécie de "plano predeterminado", levando a um fim, em cada um de nós. Há como que um processo insondável que se atualiza por um desdobrar-se de reclamos, nem sempre conscientes, que vão compondo uma história, um caminhar exclusivo.

Assim é o "herói-heroína-mentação", ressonância psíquica em processo de instalação na humanidade. Quando o desejar e o ter misericórdia juntos conceberem o filho do tempo novo da consciência, seremos uma aldeia global do tempo da Dinâmica do Coração.

O padrão de amor que alicerça os relacionamentos humanos, segundo Pierre Solié[17], está ainda em sua dimensão canibalística de devoramento uns dos outros. A competição impera e o respeito ao direito à identidade psíquica do outro é ainda realidade teórica. Nós nos sabemos ímpares, porém, quando estamos na relação, não admitimos que os outros sejam, ajam ou pensem de forma distinta de nós. Ainda somos donos exclusivos de verdades parciais que alardeamos como Verdades Únicas.

[17] Solie, P. *Mitanálise Junguiana*.

13. A TÍTULO DE CONCLUSÃO

O crescimento e a difusão do cristianismo concorreram para o desaparecimento das religiões chamadas pagãs. Apesar dos reveses, no mundo celta, a mitologia sobreviveu através de suas lendas e canções.

A religião despojada de seus rituais e de suas fundamentações filosóficas, e já não mais ritualizada como culto, permaneceu retratada como saga atemporal, presente em um eterno contínuo da memória do Ocidente.

No núcleo de suas lendas, o símbolo permaneceu vivo, fascinando o mundo, e suas figuras lendárias continuaram a povoar a memória dos povos e os sonhos de todos nós.

No centro das lendas que nos restaram, permaneceram as figuras de destaque: Arthur, seus cavaleiros, Guenívere, Lancelot, o Cálice Precioso, Parsifal e o grande mago druida Merlin. O Velho Sábio ficou como o fio condutor de todo o ciclo, como o guia feiticeiro e mestre dos ritos iniciáticos.

Merlin continuou vivo na floresta encantada, como figura profética do seu tempo, sonhando sonhos sonhados e vividos. Interpretá-los é de sua natureza e, ao fazê-lo, permanecerá, para sempre, anunciando a vinda dos novos tempos.

Merlin forjou reinos e reis, forjou Uther e sua paixão por Igraine, concebeu Arthur, criou a Távola Redonda e instituiu a Ordem dos Cavaleiros. Sob sua tutela, o menino, hipóstase de si próprio, predestinado a retomar as esperanças de um povo, cresceu e assumiu, sem questionar, sua tarefa heróica.

Merlin e Arthur configuram o *coniunctio* do Saber com o Fazer.

Arthur representa a humanização de Merlin e, assim entendido, o Velho Sábio, através de sua criatura Arthur, atualizou-se, investido do poder sagrado do herói que retira das entranhas da Deusa a espada forjada do ferro fundido, símbolo e sinal da saída dos tempos da Idade da Pedra, início dos tempos de transformação.

Um ciclo novo começou quando o metal foi libertado da terra: "O herói que pode tirar a espada de ferro da pedra pode não ser necessariamente um grande guerreiro, mas é sempre um poderoso mago, senhor das coisas espirituais e materiais; é um vidente, comparável, nos termos da Idade do Ferro, ao inventor moderno, químico ou engenheiro, que cria novas armas para seu povo. Assim como atualmente olhamos com respeito, e algum medo, para o homem da ciência, era muito natural aos povos daqueles tempos remotos acreditar que aquele que libertara, para eles, o metal da pedra, fosse o mestre eleito dos segredos da existência"[18].

"Arthur-Merlin" surge, portanto, como o herói do tempo novo, como aquele que promove seu próprio destino por opção individual.

Os cavaleiros de Arthur, através do Velho Sábio, compreendem que o campo de ação do humano não são mais as guerras de conquistas, mas sim que a grande aventura é a busca da própria alma. A verdadeira tarefa dos cavaleiros é buscar-se a si-mesmo.

Buscar o Cálice Sagrado é tarefa-destino de cada um. A Deusa aguarda por todos, no fundo da floresta encantada.

Entretanto, se desejarmos com toda pureza de intenções e nos empenharmos de coração aberto, poderemos alcançar, dentro de nós mesmos, o Templo Sagrado contenedor do Cálice da Bem-Aventurança.

No dia em que pudermos, como o "puro-tolo-ingênuo", dizer ao outro que nos procura: "vá até onde fomos e saberás"[19], deixaremos de contar histórias para nos tornarmos a própria lenda.

O Graal espera por todos nós!

[18] Mathews, J. *À Mesa do Santo Graal*, p. 124.

[19] Idem, ibidem, p. 11

14. BIBLIOGRAFIA

1. ALBUQUERQUE, H. M. F. R. *O Encontro na Paixão e no Amor*. São Paulo, 1988. Monografia para obtenção de título de Analista da Sociedade Brasileira de Psicologia Analítica.

2. ALVARENGA, M. Z. *A Relação transferencial e a estruturação da Consciência*, Junguiana 9, Rev. da SBPA, São Paulo, 1992.

3. .... *A Grande Deusa e a Emergência do Masculino*, Junguiana n⁰ 13, Revista da S.B.P.A - São Paulo.1994

4. .... *Concepção Mítico-Simbólico Vida e Morte – Morte e Vida*, in Espiritualidade e Finitude, org. Dulcinéada Mata Ribeiro Monteiro, Paulus, São Paulo, 2006.

5. .... *Depressão, a dor da alma de quem perdeu-se de si mesmo*. Junguiana n⁰ 25, Revista da S.B.P.A - São Paulo. 2007B.

6. ALVARENGA, M.Z.& col. *Mitologia Simbólica, estruturas da psique e regências míticas*, Ed. Casa do Psicólogo, São Paulo, 2007A.

7. ALVARENGA, M.Z. & LIMA, D. A. S *Jung e Religiosidade*, palestra apresentada no XVII MOITARÁ – "Questões de Fé: caminhos da religiosidade brasileira, Campos do Jordão- S. P. 2003

8. ARDAGH, JOHN & JONES, C. *França: Uma Civilização Essencial*, vol. I, Edições Del Prado, 1997.

9. AUFANC, A. L. "Excalibur" Junguiana 4, S. Paulo, *Revista da S.B.P.A*, 1986.

10. BARROS, M. N. A. *Uma Luz sobre Avallon: Celtas e Druidas*. São Paulo, Mercuryo, 1994.

11. BARROS, M. N. A. *Tristão e Isolda - o mito da paixão*. São Paulo, Mercuryo, 1996.

12. BORDER, N. A. *Alma Imoral*, Rocco, Rio de Janeiro, 1998.

13. BRANDÃO, J. S. *Mitologia Grega*. Petrópolis-Rio de Janeiro, Vozes, 1987, vol. II.

14. BRADLEY, M. Z. As brumas de Avalon, 4 vol. Trad. Waltensir Dutra, Imago, São Paulo, 1989.

15. BYINGTON, C. A. B. *Select Writings.* São Paulo, Editora Pessoal.

16. CALASSO, R. *As bodas de Cadmo e Harmonia.* São Paulo, Companhia das Letras, 1991.

17. CAMPBELL, J. *As Transformações do Mito Através do Tempo,* trad. Heloysa de Lima Dantas, São Paulo, Cultrix, 1994.

18. .... *A Extensão Interior do Espaço Exterior.* São Paulo, Campus, 1992.

19. ....*O Herói de Mil Faces.* Cultrix, 1989.

20. CHRÉTHIEN DE TROYES. *Perceval ou o Romance do Graal.* São Paulo, Martins Fontes, 1992.

21. CHRÉTHIEN DE TROYES. *Lancelote, O Cavaleiro da Carreta.* Trad. Vera Harvey; São Paulo, Francisco Alves, 1994.

22. ELIADE, M. *História das Idéias & Crenças Religiosas,* I vol., RES, Porto-Portugal.

23. ESCHENBACH, WOLFRAM VON: Parsifal, Poema Trovadoresco Sobre a Busca do Graal, Editora Antroposófica 1995.

24. JOHNSON, R. A. *HE, A chave do entendimento da psicologia masculina.* Tricca, São Paulo, Mercuryo, 1987.

25. JUNG, C. G. *Um Mito Moderno.* Lisboa, Editorial Minotauro Ltda., 1962.

26. JUNG, E. & VON FRANZ, M. L. *A Lenda do Graal, do ponto de vista psicológico,* Trad. Margit Martincic & Daniel Camarinha da Silva, São Paulo, Cultrix, 1995.

27. LAYARD, John. *A Celtic Quest, sexuality and soul in individuation.* Zurich, Spring Publications, 1975.

28. MABIGINON (anônimo), trad. e introdução: José Domingos Morais, Ed. Assírio & Alvim, Lisboa, 2000.

29. MAGNE, A. *A Demanda do Santo Graal,* 3 volumes Imprensa Nacional, Rio de Janeiro, RJ. 1944

30. MALORY, T. *A Morte de Arthur.* Trad. Jane Roberta Lube Condé, Ph.D, Thot Livraria e Editora Esotérica,1987.

31. MATHEWS, J. *À Mesa do Santo Graal.* Trad. Ana Lúcia Franco. São Paulo, Siciliano, 1989.

32. MEGALE, Heitor. *A Demanda do Santo Graal, manuscrito do século XIII.* São Paulo, T.Queiroz: Editora da Universidade de São Paulo, 1988.

33. NEUMANN, Erich. *A Grande Mãe.* Trad. Fernando Pedroza de Mattos & Maria Silvia Mourão Netto, São Paulo, Editora Cultrix, 1996.

BIBLIOGRAFIA

34. PESSOA, Fernando. *Obra Poética*. Nova Aguilar, Rio de Janeiro, 1983.
35. ROAF, Michael. *Mesopotâmia e o antigo Médio Oriente*. vols. I e II, Edições Del Prado, 1996.
36. SHARKEY, John. *Celtic Mysteries, the Ancient Religion*. Londres, Thames and Hudson, 1975.
37. SOLIÉ, P. Mitanálise Junguiana, Nobel, São Paulo, 1986.
38. SUTCLIFF, R. *O Rei Arthur e os Cavaleiros da Távola Redonda*. 3 v., São Paulo, Antroposófica, 1989.
39. TRISTÃO E ISOLDA, autor desconhecido, trad. Maria do Anjo Braacamp Figueiredo, 8ª edição, Rio de Janeiro Livraria Francisco Alves Editora S/A. 1994.
40. ZIMMER, H.R. *A Conquista Psicológica do Mal*. Compilado por Joseph Campbell. Trad. Marina da Silva Telles Americano, São Paulo, Palas Athena, 1988.

impressão acabamento
rua 1822 nº 347
04216-000 são paulo sp
T 55 11 6914 1922
F 55 11 6163 4275
www.loyola.com.br